红镜

Dans la même collection chez C&F éditions

Fred Turner
L'usage de l'art. De Burning Man à Facebook : art, technologie et management dans la Silicon Valley
2020, ISBN 978-2-37662-017-4

Christophe Masutti
Affaires privées. Aux sources du capitalisme de surveillance
2020, ISBN 978-2-37662-004-4

Zeynep Tufekci
Twitter et les gaz lacrymogènes. Forces et fragilités de la contestation connectée
Traduit de l'anglais (États-Unis) par Anne Lemoine
2019, ISBN 978-2-915825-95-4

Giorgio Griziotti
Neurocapitalisme. Pouvoirs numériques et multitudes
Traduit de l'italien par Fausto Giudice
2018, ISBN 978-2-915825-82-4

Édition originale : *Red Mirror: il nostro futuro si scrive in Cina*.

Ce livre a été traduit grâce à une aide du Ministère italien des Affaires Étrangères et de la Coopération Internationale.
Questo libro è stato tradotto grazie a un contributo del Ministero degli Affari Esteri e della Cooperazione Internazionale italiano.

Collection Société numérique (ISSN 2647-1493)
ISBN 978-2-37662-021-1
C&F éditions, décembre 2020
35C rue des Rosiers, 14000 Caen
https://cfeditions.com

Simone Pieranni

Red Mirror

L'avenir s'écrit en Chine

Traduit de l'italien par Fausto Giudice

Photographies de Gilles Sabrié

Collection Société numérique

C&F éditions
2021

Table des matières

à Benedetto

I.

La nouvelle Silicon Valley est chinoise

Dans la Chine d'aujourd'hui, il est impossible d'imaginer qu'un individu puisse survivre dans une ville chinoise sans un smartphone.

Chen Qiufan

PÉKIN, MARS 2019. Pendant que je prends mon petit-déjeuner à la maison, je consulte sur WeChat les nouvelles du jour. Puis je sors, et tout en me promenant dans les *hutongs* (les anciennes ruelles étroites de la capitale qui survivent aux nombreux changements qui ont lieu dans la ville), je réserve par WeChat un taxi pour me rendre à un rendez-vous dans un bar du quartier de l'électronique de la capitale chinoise. À l'intérieur du bar, grâce à mon identifiant WeChat, je mets mon smartphone en charge dans une des cabines spéciales près de l'entrée avant de rencontrer la personne avec laquelle j'ai rendez-vous. Puis je récupère mon smartphone et je règle ma consommation avec WeChat. J'ai faim, alors dès que je sors, je cherche un restaurant mongol – une de mes passions – à proximité. WeChat m'en indique un à quelques centaines de mètres de ma position, à l'intérieur d'un centre commercial. En arrivant, je me place dans la queue. En attendant mon tour, avec WeChat, je consulte le menu et je passe commande. Tout en mangeant, j'envoie à des amis le QR code du restaurant : ils bénéficieront de bons de réduction obtenus grâce à mon déjeuner. En réponse, je reçois des coupons pour des restaurants, des clubs et les nombreux commerces en ligne de l'application. Curieux d'en savoir plus sur un magasin de robots : je télécharge le « mini-programme » de la boutique virtuelle et je commence à regarder le catalogue pendant mon déjeuner. À la fin du repas, je paie avec WeChat. Entre-temps, j'ai échangé des messages, reçu des documents et pris d'autres rendez-vous : tout cela avec la même application.

En quittant le centre commercial, je vérifie sur la carte de WeChat la zone où je dois me rendre pour un autre rendez-vous. Je calcule l'itinéraire : je prends un bus puis le métro et dans les deux cas je paie avec WeChat. En attendant, j'achète en ligne des billets pour un film à voir le lendemain et j'envoie l'argent que je dois à une personne, toujours via WeChat. Après mon rendez-vous, je sors et m'arrête devant un petit magasin de quelques mètres carrés tenu par un couple de Chinois du Sud, j'achète des raviolis que je paie avec WeChat, grâce au QR code accroché à côté de la porte qui mène à la petite cuisine. Ensuite, toujours avec WeChat, je réserve un billet de train pour Shanghai et une chambre d'hôtel. Enfin, je rejoins un événement dans l'un des gratte-ciels de Jianguomen, la longue rue qui mène à la place Tian'anmen. L'invitation m'a été envoyée par une amie via WeChat lorsque j'étais encore en Italie : dans notre chat, je retrouve la localisation, le billet électronique et le reçu du paiement (que j'archive dans une application spéciale, toujours dans WeChat, qui vous aide à gérer votre comptabilité). Lorsque j'arrive sur le lieu de l'événement, je scanne le QR code et je reçois tous les documents qui s'y rapportent (une conférence sur les relations entre la Chine et les États-Unis). Muni de cette documentation, je me retrouve dans un groupe avec toutes les personnes présentes (j'insère les contacts dans une application spéciale de WeChat qui permet de mieux gérer toutes ces informations).

À la fin de la conférence, je vais dîner avec certains des participants. À un même moment, tous nos yeux se tournent vers nos téléphones : WeChat demande une mise à jour de nos informations. Et nous voilà, toute une tablée occupée à faire des selfies pour donner à WeChat notre consentement à garder le contrôle de nos données biométriques. Lorsque nous terminons le dîner, WeChat partage pour nous la facture en parts égales. En rentrant chez moi, je repense à mon rendez-vous du matin : dans le quartier de l'électronique, dans la zone des start-up liées à l'intelligence artificielle, j'ai rencontré un jeune manager chinois. À un moment de notre conversation, après le énième exemple de la façon dont WeChat fait gagner du temps (files d'attente dans les banques, les bureaux publics, les cinémas et des milliers d'autres endroits), je lui ai demandé à quoi était consacré tout ce temps gagné. « Peut-être à rester sur le mobile » a-t-il répondu en souriant. En fait, de toute la journée, je n'ai jamais utilisé mon portefeuille, mon courrier électronique, un navigateur. Quand je rentre à la maison, mon ordinateur, posé sur la table de la cuisine, me semble maintenant une simple machine à écrire, en moins bruyant. Avant d'aller me coucher, dernier acte : je réserve la bonbonne d'eau (présente dans toutes les maisons chinoises) pour le lendemain, via WeChat bien sûr. De toute ma journée, je n'ai jamais quitté WeChat. En Chine, le smartphone, c'est WeChat. Et WeChat sait tout sur tout le monde.

WeChat (*Weixin* en mandarin) est une application, une « super-app », comme on l'appelle souvent, grâce à laquelle, en Chine, à l'image de la journée que nous venons de décrire, on peut tout faire. Elle est devenue une présence totalement envahissante dans la vie quotidienne des Chinois. Grâce à cette énorme diffusion, par la quantité de données qu'elle produit, la super-app chinoise est devenue intéressante non seulement pour le Parti communiste chinois (PCC), mais aussi pour Facebook, le réseau social le plus célèbre et le plus utilisé du monde occidental. Selon *The Economist*, il n'y aurait aucun doute : Facebook aspire à devenir le « WeChat occidental ».

Mark Zuckerberg, qui parle un excellent mandarin, et dont la femme Priscilla Chan, est née de parents de l'ethnie Hoa, une minorité sino-vietnamienne de langue cantonaise, n'a pas seulement un intérêt personnel et culturel pour la Chine. Ces dernières années, en effet, il s'est rendu très régulièrement en Chine avec un objectif précis : mieux comprendre comment fonctionne « l'application des applications » et extraire de ce modèle réussi des stratégies et des idées à appliquer sur Facebook (et les autres médias sociaux dont il est propriétaire, notamment Instagram et WhatsApp).

En fait, WeChat a un modèle commercial qui permet de générer de l'argent de manière beaucoup plus variée que

Facebook et de monétiser (et capter) les données des utilisateurs de manière beaucoup plus rentable. Mark Zuckerberg s'intéresse également à certains aspects de WeChat, comme la messagerie directe, la gestion des Big Data et, surtout, la possibilité de maintenir les utilisateurs dans un « monde » WeChat. Ce n'est pas par hasard qu'en mars 2019, Zuckerberg commentait l'article de Jessica E. Levin « What Facebook could learn from WeChat » (Ce que Facebook pourrait apprendre de WeChat), posté sur Facebook en 2015, avec ces mots : « *Si seulement j'avais écouté vos conseils il y a quatre ans...* ».

L'énorme intérêt du plus grand réseau social occidental pour WeChat montre que nous sommes au bout d'un chemin et au début d'un nouveau monde : après des années d'imitation par la Chine de tout ce qui a été produit en Occident, c'est aujourd'hui l'Occident qui se tourne vers la Chine pour trouver de nouvelles idées et de nouveaux usages à ses « inventions ». La Chine a repris sa place au centre du monde, comme le veut son nom, *Zhongguo*, « pays du Milieu ». Après tout, cela ne serait pas nouveau pour les Chinois. Les Européens ont commencé à échanger avec la Chine dès le IIe siècle avant J.-C., lorsque la soie a commencé à envahir les marchés d'Asie centrale d'abord, puis de la Méditerranée, jusqu'à rendre littéralement fous les Romains, amoureux de ce précieux tissu venu d'une terre si lointaine. Une histoire dont les Chinois se souviennent bien : l'ouverture de ces routes commerciales qui deviendront célèbres sous le nom de « Routes de la soie » a entraîné des raids d'explorateurs, de géographes et d'archéologues, engagés dans le pillage des richesses culturelles des régions du Xinjiang et du Gansu. À cette époque, vu de Pékin, le monde était divisé en deux : il y avait les Chinois et il y avait les « barbares », le reste du monde, Européens compris. À l'époque, les premiers jésuites qui sont arriver dans l'Empire céleste étaient stupéfaits du degré de développement du pays. Au XVIIIe siècle, selon Kant, la Chine était « *l'empire le plus instruit du monde* ».

Mais au fil du temps, ce lieu dirigé par des mandarins, sélectionnés par des concours compliqués, a fini par devenir une terre de conquête pour les « barbares ». Profitant de la faiblesse de l'Empire chinois, incapable à la fin du XIXe siècle de faire face au progrès occidental que la révolution industrielle avait provoqué, les « barbares » ont atteint le cœur du pouvoir chinois, spoliant le territoire de ses richesses et de régions entières en recourant à l'opium, aux armes, aux subterfuges et à des crasses comme les « traités inégaux ». La Chine est devenue le pays malade de l'Asie, traversant sa phase historique la plus humiliante. Au fond de chaque cœur chinois, il est resté quelque chose de cette histoire. Aujourd'hui, les Chinois proposent de « Nouvelles routes de la soie » comme symbole du changement d'époque que nous observons, du déplacement du centre du pouvoir économique et technologique de l'ouest vers l'est : ils sont désormais aux commandes de la locomotive. Et ils n'ont pas l'intention de manquer à nouveau leur rendez-vous avec l'Histoire. Mais commençons par le début : qu'est-ce que WeChat et comment est-il né ?

Le monde est dans WeChat

Quand WeChat a commencé à se répandre, je vivais en Chine depuis cinq ans. Je me souviens distinctement du moment où, avec un certain étonnement, les résidents étrangers ont assisté à un spectacle jamais vu auparavant : les Chinois se promenaient en parlant à leurs smartphones, en posant presque leurs lèvres sur eux, comme si ceux-ci étaient un prolongement de leur menton. Ils envoyaient des messages vocaux. C'était en 2011. L'apparition de cette habitude pourrait marquer symboliquement le début de l'ère WeChat en Chine. Comme tant d'autres choses qui semblaient absurdes et sont apparues d'abord en Chine, les messages vocaux sont progressivement devenus habituels en Occident aussi.

Cette année-là a marqué le début d'une période de grands changements dans le monde de la technologie chinoise. Nous savons que les outils technologiques que nous utilisons changent nos habitudes personnelles, sociales et professionnelles et, dans le cas des téléphones mobiles, même notre posture physique (épaules légèrement courbées, regard vers le bas). En Chine, le changement survenu avec l'avènement de WeChat a totalement modifié l'approche de la Toile et, par conséquent, peu à peu la vie quotidienne. Par exemple, les courriels ont rapidement disparu : Gmail n'avait aucun sens, aucune utilité, si ce n'est de perdre du temps à attendre que les pages se chargent avec une lenteur exaspérante. Tout passait dorénavant par WeChat, qui s'est avéré être rapide, immédiat, un clin d'œil.

La super-app a rapidement remplacé même les vieilles habitudes par de nouvelles façons de se comporter. Par exemple, les cartes de visite professionnelles étaient un grand classique en Chine : même dans le cas d'activités plutôt fantaisistes et improbables, il était bon d'accréditer leur existence par une carte de visite. Et en Chine, vous pouvez en imprimer des milliers pour quelques yuans. Même les étrangers apprenaient rapidement : vous receviez la carte à deux mains et remettiez la vôtre de la même manière. WeChat a marqué la fin de ce monde : même les *business cards* ont disparu. En leur lieu et place, on a pris l'habitude de scanner le QR code de son interlocuteur. On a commencé à scanner des QR codes partout et pour obtenir n'importe quoi : des avantages, des réductions ou pour assister à des événements. On a inauguré de nouvelles danses : rapprocher les téléphones mobiles et se scanner mutuellement les QR codes, la nouvelle façon de « se connecter ».

Nouvelles habitudes et nouveaux dilemmes : quelle est la personne la plus importante, celle qui scanne ou celle qui se fait scanner ? Mais ce n'est qu'après tout cela que le changement en cours a connu son apogée. C'est arrivé tout naturellement, comme si le pays tout entier n'attendait plus que ça. À un certain moment, il est devenu possible de relier son compte WeChat à un compte bancaire chinois (qu'à l'époque du lancement de WeChat les Occidentaux ne pouvaient obtenir qu'au prix de nombreuses acrobaties bureaucratiques, tandis qu'aujourd'hui tout est plus rapide, même s'il reste beaucoup plus de contraintes pour les étrangers). On pouvait enfin acheter n'importe quoi avec son smartphone. À partir de ce jour, même le portefeuille est devenu inutile. Il ne servait plus à rien. Les cartes de crédit, pour ceux qui en possédaient, sont devenues inutiles. WeChat a lancé un défi aux Chinois sur deux concepts – le temps et la vitesse – transformant une société qui battait des records de dépendance au papier, aux timbres et aux démarches bureaucratiques en une société soudainement sans argent liquide, dans laquelle on n'avait plus besoin d'imprimer et de faire tamponner quoi que ce soit.

Mais qu'est-ce que WeChat exactement ? L'expliquer à un Occidental est compliqué. Certains tentent de le décrire ainsi : WeChat, disent-ils, est l'« app des apps ». Il contient tout ce que nous avons coutume d'utiliser séparément. Si nous voulons le décrire par une comparaison avec notre monde technologique, nous pouvons dire qu'il est comme un conteneur géant qui rassemblerait Facebook, Instagram, Twitter, Uber, Deliveroo et toutes les autres applications que nous utilisons. C'est une explication qui a sa propre logique, mais elle n'est pas complète. Tout d'abord parce que, chaque fois que vous utilisez WeChat, vous découvrez de nouvelles fonctionnalités qui viennent tout juste d'être développées, de nouveaux usages que vous pouvez ensuite transformer en nouvelles habitudes. Il est désormais normal, par exemple, de prendre rendez-vous pour une visite médicale ou de payer ses impôts ou ses factures via WeChat ; ou encore de rencontrer, en se promenant dans les rues des métropoles chinoises, des sans-abri qui montrent aux passants un panneau avec un QR code pour recevoir l'aumône. En Chine, même la manche est aujourd'hui faite via WeChat.

De plus, s'il est vrai que WeChat peut également être décrit comme la somme d'applications que nous connaissons et utilisons déjà, il possède également une caractéristique très particulière par rapport à nos applications : il peut être utilisé pour payer n'importe quoi. Chaque compte WeChat est effectivement lié au compte bancaire de l'utilisateur et, grâce à la lecture des différents QR codes, on peut acheter de tout : d'une course en taxi à des fruits dans un magasin de rue, des livres dans un magasin en ligne à des gourmandises suggérées par un ami – via WeChat. Sur WeChat, on peut réaliser toutes les démarches nécessaires au mariage. Et aussi divorcer : il suffit de presser une touche dans l'app pour déclencher les formalités. WeChat sait tout sur ceux qui l'utilisent, connaît les mouvements en ligne et hors ligne, grâce à la possibilité de payer dans n'importe quel commerce et d'être ainsi « tracé », même lorsqu'on ne s'imagine pas être dans le cyberespace.

La super-app a fini par créer une sorte d'écosystème au sein duquel rien d'autre n'est nécessaire, car elle est capable de s'occuper de tous les aspects de notre vie quotidienne. Dans certaines villes, le profil WeChat est déjà utilisé comme document d'identité. Tout est dans WeChat et cela signifie qu'en Chine, si vous n'avez pas « l'app des apps », vous êtes complètement hors du monde. Ne pas télécharger WeChat est un véritable choix de vie.

Ceux qui tentent de résister ont une existence infernale. Zhu, une avocate de Shanghai, a raconté au magazine *Sixth Tone* qu'elle avait décidé de vivre sans l'application. Ce qui a motivé son choix était la certitude que ses données seraient collectées et utilisées, et le fait de ne pas utiliser l'application était pour elle un moyen de « *sauver sa dignité* ». Chaque fois qu'elle reçoit un nouveau client, Zhu doit l'avertir de son choix, car on tient pour acquis que tout le monde a WeChat. Lorsque Zhu voyage à l'étranger avec ses collègues, les autres peuvent facilement se connecter à WeChat en utilisant le wifi disponible, « *mais s'ils veulent lui parler, ils doivent payer pour appeler ou envoyer des messages* ». Même ses parents ont essayé de la faire revenir sur sa décision et de lui faire télécharger l'application.

Tout cela se passe parce que, quand on parle de WeChat, on ne parle pas d'une simple application : à l'intérieur de

WeChat, on navigue, comme si WeChat était la Toile elle-même. En fait, il existe des « mini-programmes » (comme celui du restaurant mongol où j'ai déjeuné, ou celui du magasin de robots), c'est-à-dire des mini-sites web insérés dans l'application, où se déroule la vie de tout le système internet chinois. Et les services continuent à se développer, tout comme les applications. Voici un exemple simple de mini-programme : l'équivalent chinois d'Instagram n'est pas une application parmi tant d'autres, mais il se trouve à l'intérieur de WeChat. Cela semble être un détail sans importance. Mais ce n'est pas le cas dans une économie qui repose désormais sur l'exploitation des Big Data. WeChat a évolué vers une sorte de système d'exploitation sur lequel tous les programmes tournent. C'est une passerelle vers tout ce que vous pouvez faire avec un smartphone sur la Toile et hors ligne, capable de canaliser une énorme quantité de données et d'argent de différentes manières : avec la publicité certes, mais l'essentiel des revenus dépend des gadgets et des jeux présents dans l'application, des services premium pour les utilisateurs et surtout du pourcentage qu'il prend sur chaque paiement. Et plus encore : la quantité de données que possède l'entreprise permet à ses clients professionnels (les producteurs de « mini-programmes ») de cibler leurs utilisateurs de manière toujours plus personnalisée.

WeChat est devenu la mémoire historique des goûts, des passions, des idées, des inclinations, du potentiel de consommation d'un milliard de personnes. Et il sait quoi faire de toutes ces données.

Ce que la naissance de la plus grande puissance technologique du monde dit à l'Occident

L'impact de la « révolution technologique » chinoise n'est pas seulement mesurable par la tentative de Facebook de percer à jour les secrets commerciaux de WeChat. En ce moment, l'Occident est confronté sur le marché mondial aux produits de haute technologie chinois : la Chine est aujourd'hui un concurrent des pays occidentaux pour la domination du marché de l'intelligence artificielle, de la 5G et du monde des Big Data. C'est pourquoi il est important d'analyser la naissance de WeChat, un événement capable de fournir des clés de lecture pour mieux évaluer l'impact du développement de la haute technologie chinoise sur le monde entier. Pour comprendre pourquoi Facebook s'intéresse à WeChat, pourquoi Google aurait coopéré avec le gouvernement chinois pour créer un moteur de recherche censuré, pourquoi le « Grand Firewall » (le système qui bloque l'accès aux contenus qui déplaisent au Parti, appelé en chinois « projet bouclier doré ») est une sorte de modèle pour les États intéressés par le contrôle de l'information (surtout en Europe de l'Est), pourquoi le prochain défi entre la Chine et le monde occidental se jouera autour de la 5G et de l'intelligence artificielle et de leurs potentialités scientifiques, commerciales et de contrôle social, il faut regarder attentivement l'histoire des leaders actuels du marché chinois.

L'histoire de WeChat et de Tencent, la société qui a « inventé » la célèbre application, en dit long sur ce qu'est la Chine aujourd'hui, sur ce que nous pourrions être demain, et éclaire également la façon dont les entreprises chinoises ont pu s'approprier le savoir-faire occidental pour fabriquer de nouveaux produits capables de s'imposer sur le marché mondial. L'univers technologique chinois est un territoire où les entreprises se font les muscles par une concurrence très rude, où les coups bas ne manquent pas et où la présence constante du Parti communiste chinois se fait sentir. En ce sens, un effort de compréhension doit être fait : la Chine, n'est pas seulement dirigée par un parti communiste, elle a un marché intérieur très vivant, compliqué et en constante évolution. Et surtout beaucoup moins scrupuleux que celui de l'Occident.

L'histoire de WeChat prend ses racines à Shenzhen, une ville du sud-est de la Chine. À la fin des années 1970, le dirigeant chinois Deng Xiaoping a compris la nécessité pour le pays d'entrer sur le marché mondial afin de sortir sa population de la pauvreté générale. Dans le cadre du plan « ouvertures et réformes » de Deng Xiaoping, le village de pêcheurs de Shenzhen est devenu une *zone économique spéciale* et, à ce titre, a été submergé par un développement rapide, comme du pays tout entier, mais avec plus de force encore. Le passage de centaines de millions de personnes au-dessus du seuil de pauvreté en deux décennies est un événement unique dans l'histoire de l'humanité et explique en partie pourquoi le Parti communiste chinois, cheville ouvrière de ce processus, est toujours aussi central pour la société chinoise d'aujourd'hui.

Depuis la fin des années 1970, des paysans ou des ruraux sont progressivement devenus main-d'œuvre dans l'industrie manufacturière. Les grandes entreprises d'État ont été privatisées, les premières coentreprises crées avec des capitaux étrangers sont apparues. Faibles salaires, forte intensité de travail, prix cassés sur les marchés occidentaux : l'« usine du monde» battait son plein, pulvérisant les records de PIB, inondant les marchés occidentaux de ses produits. Avec le temps, cette richesse a commencé à circuler : ceux qui avaient des liens avec le Parti ont pu profiter de l'immense urbanisation du pays. La production manufacturière et l'immobilier ont commencé à être de plus en plus liés : les premiers milliardaires chinois sont apparus et ont largement attiré l'attention des médias occidentaux. Mais plus fondamentalement, on a vu mûrir dans ces années-là les germes d'une classe moyenne, qui constitue aujourd'hui un moteur majeur du pays. Les trois générations de la famille d'un de mes amis de Shanghai représentent cette évolution de manière concrète : son grand-père était agriculteur, son père était un marchand de chaussettes produites à Shenzhen, et lui est devenu entrepreneur dans le monde de la technologie et aujourd'hui il produit des micro-batteries alimentées par l'énergie solaire.

Le destin des gens a changé, tout comme celui des villes. Pendant les années 1970, de petit port, Shenzhen est devenu l'un des principaux centres de production manufacturière du monde. Dans les années 1990, la ville a commencé à devenir un incubateur pour les entreprises technologiques. Aujourd'hui, elle est considérée comme la Silicon Valley chinoise (à Shenzhen se trouvent également les bureaux de Huawei, entreprise leader dans la production de smartphones et d'infrastructures de réseau). C'est justement à Shenzhen, en 1998, que Ma Huateng, 27 ans, a fondé Tencent, une entreprise technologique dont le principal produit était un système de messagerie, QQ, inspiré d'un logiciel israélien (ICQ, produit par la start-up de Tel Aviv Mirabilis) et plus généralement très similaire au Messenger de Microsoft

Windows ou d'AOL (qui à la fin des années 1990 a dénoncé Tencent pour avoir copié son Messenger). Mais Huateng a senti la possibilité d'améliorer les logiciels israéliens, grâce à l'expérience acquise dans son activité précédente dans le domaine des *pagers* (radiomessageries).

Pony Ma, surnom sous lequel Ma Huateng est aujourd'hui connu dans le monde entier, a décidé d'ajouter quelques fonctionnalités à QQ. Tout d'abord, il a permis à chaque utilisateur d'accéder à son compte depuis n'importe quel ordinateur en ligne. Il faut savoir que jusque-là, on ne pouvait accéder à son QQ qu'à partir d'un poste fixe sur lequel le logiciel était téléchargé. En ce sens, Pony Ma n'a fait qu'adapter sa création à la progression de la Toile dans le pays. Jusqu'à ce moment-là, en effet, les Chinois se connectaient à l'Internet principalement dans les cybercafés, des endroits réputés pour être souvent sordides (les canapés des cybercafés étaient considérés comme les endroits les plus sales du pays avec ceux des karaokés). Mais Huateng a perçu le potentiel de l'Internet en Chine, ce qui a entraîné l'explosion des ventes d'ordinateurs personnels, de téléphones mobiles et des réseaux internet privés. Lorsque je suis arrivé en Chine en 2006, on se connectait à domicile au réseau par ADSL et cela coûtait près de 8 euros par mois. En quatre ans, le wifi allait se trouver partout et à un coût bien moindre. Pony Ma a su saisir et exploiter ce changement d'époque.

Deuxièmement, grâce à un premier accord avec la compagnie publique de téléphone de la région du Guangdong (en 2001, il avait conclu des accords dans tout le pays), Pony Ma a également permis des conversations entre les ordinateurs personnels et le système de messagerie des téléphones mobiles. Enfin, il a intégré dans ses logiciels des jeux, des gadgets (les plus populaires étaient les avatars QQ) qui ont rapidement généré des profits pour Ma et ses associés, lesquels ont encore augmenté à partir de là, avec la création d'une plateforme de blogueurs QQ. Là encore, les revenus provenaient des dépenses des utilisateurs pour améliorer et personnaliser leur blog.

Le tournant : de l'usine du monde au pôle technologique

Le processus de transformation de l'économie chinoise a pris un tournant fondamental en 2008, lorsque le contexte a complètement changé. La crise des subprimes, et plus généralement de l'économie occidentale, a conduit les dirigeants chinois à repenser leur modèle de développement basé sur l'exportation. Jusqu'à cette année-là, le succès et la croissance de la Chine dépendaient presque exclusivement de sa fonction d'« usine du monde », c'est-à-dire de producteur de quantités gigantesques de marchandises à bas coût.

En 2008, ce système a été radicalement modifié : la baisse des commandes de produits chinois sur les marchés occidentaux a obligé les dirigeants de Pékin à faire évoluer le système de production. Le mantra qui accompagnait la croissance de la « société harmonieuse » est alors devenu « moins de quantité, plus de qualité ». Un ralentissement économique a également commencé à être envisagé, afin de garantir un développement plus durable et surtout un impact plus important en termes de profits. Grâce aux ressources économiques accumulées au cours des années précédentes et au retour au pays de nombreux Chinois qui avaient étudié et travaillé à l'étranger, Pékin a décidé d'investir massivement dans l'innovation et les nouvelles technologies. En 2008, la Chine a commencé à se transformer en un pays axé sur l'économie numérique. Les dirigeants au pouvoir avaient laissé entendre que l'avenir du pays passerait par le marché intérieur et la capacité des entreprises nationales à innover. On avait le sentiment de vivre dans un pays en grande transformation, avec une énergie illimitée et une population qui commençait à se rendre compte qu'elle était pleinement de son « siècle ». Le processus, qui avait fait de la Chine un lieu où les compétences étrangères étaient très demandées, semblait s'achever ; après la crise de 2008 en Occident, il est vite apparu que la Chine était désormais prête à faire cavalier seul : les étrangers, auparavant considérés comme intéressants et en général aisés, ont commencé à être perçus comme une nuisance, des « grillons parlants » toujours prêts à pointer du doigt les défauts de la Chine. Les étrangers ont vite été désignés par une expression, les *China bashers* (les détracteurs de la Chine) : le temps semblait révolu, le siècle de l'humiliation chinoise était un passé à prendre en compte. Dans ces années-là, le destin du monde apparaissait beaucoup plus clairement à Pékin qu'à Washington ou à Rome.

Et pendant ce temps, le pays changeait à sa vitesse habituelle : de plus en plus de Chinois commençaient à se connecter à l'Internet avec leur téléphone mobile. Huateng ne pouvait pas manquer l'occasion d'adapter son idée (le système de messagerie QQ) aux nouvelles circonstances : en 2011, WeChat arriva et s'établit sur le marché chinois (nous verrons comment dans le paragraphe suivant), confirmant la consécration du nouveau pilier de la société chinoise, le smartphone. WeChat a déterminé le passage des Chinois du PC à la navigation mobile (aujourd'hui, 90 % des utilisateurs de l'Internet en Chine se connectent avec un smartphone) et a révélé la quantité gigantesque de données qui pouvaient être collectées sur le marché chinois. Toutefois, l'explosion des usages de l'Internet a posé un sérieux problème à la direction du Parti communiste, qui a décidé de l'aborder frontalement, en ôtant la possibilité aux Chinois d'accéder aux outils occidentaux. La motivation ? Facebook, YouTube, Twitter et compagnie risquaient de « polluer » l'esprit socialiste chinois. Éteints, fermés, finis. Le « Grand Firewall », cette porte gigantesque entre l'Internet chinois et le reste du monde, pouvait être ouverte ou fermée selon le bon plaisir des dirigeants. Certaines choses pouvaient y entrer, d'autres non. Après tout, le vieux Deng avait prévenu ses successeurs : « *Ouvrir les portes fera entrer aussi bien l'air que les mouches* ». La machine de censure chinoise s'est progressivement armée d'une série d'outils qui ont si bien fonctionné qu'ils sont devenus attirants pour les gouvernements étrangers (le « Grand Firewall » a inspiré des outils similaires utilisés en Russie et en Turquie). Il suffit de penser à l'Armée des 50 centimes, dont nous parlerons dans le troisième chapitre, un outil de propagande virale du Parti communiste chinois : les gens étaient payés 50 centimes pour chaque post et commentaire prenant la défense du gouvernement. La censure était devenue manipulation ou trollage sinistre.

Dans l'ensemble, les choses se sont bien passées pour les dirigeants chinois : la censure a favorisé un marché numérique national très florissant, débarrassé de la concurrence gênante des méga-entreprises étrangères, un marché dans lequel les start-up nationales se sont rapidement mises à lutter pour la domination et à innover constamment dans leurs offres. Il n'y a pas eu de grandes protestations contre la censure (et les rares qui ont surgi ont été écrasées par une répression implacable), les Chinois ayant toujours été principalement intéressés par les jeux ou les informations pratiques en ligne. Ou, plus récemment, par les possibilités d'achat. Ceux qui veulent se connecter aux sites « interdits » peuvent utiliser un VPN (réseau privé virtuel) et l'ensemble de la Toile devient alors – lentement – navigable. Ce climat – né de la confrontation avec l'Occident et de sa crise économique – est à la base de la naissance de WeChat et plus généralement de la vie technologique chinoise. Alors que les États-Unis s'affairaient à trouver des ennemis dans le monde entier et que l'Europe commençait à se replier sur elle-même à la recherche d'une improbable structure politique commune, les Chinois ont jeté les bases de leur succès actuel.

Avec le plus grand marché intérieur du monde, fermé à l'entrée de produits étrangers grâce à l'instrument efficace de la censure, Pékin a commencé, au fil des ans, à réfléchir aux moyens de développer une industrie autochtone réellement capable d'innover. À l'image de ce qui s'est passé avec la Grande Muraille : au départ outil défensif, l'énorme ouvrage réalisé au fil du temps est devenu utile pour les transports et les affaires. C'est près des différentes « portes » de la muraille que les marchés se sont développés et que le commerce a prospéré. Toutefois, en 2011, le processus n'était assurément pas achevé. L'année suivant l'apparition de WeChat, un autre tournant politique a eu lieu en Chine : en 2012, Xi Jinping est arrivé au pouvoir, un leader charismatique qui a décidé d'investir l'avenir du pays dans l'intelligence artificielle et le désir de voir la Chine s'établir comme l'État le plus avancé technologiquement au monde d'ici 2030. Un grand succès pour un pays qui n'a cessé d'intriguer les chercheurs, passionnés par son destin bizarre à la fin du XIXe siècle. Joseph Needham, un célèbre sinologue, s'était posé une question qui, au fil du temps, est devenue ce qu'on appelle le « paradoxe de Needham » : comment est-il possible, comme se le demandent encore aujourd'hui de nombreux spécialistes, qu'une civilisation bien supérieure et en avance sur la civilisation occidentale ait, à un certain moment, complètement raté son rendez-vous avec l'Histoire, pour être terrassée par le processus mené à l'autre bout du monde par la révolution industrielle ? Comment est-il possible, me suis-je demandé à plusieurs reprises, que le pays qui a inventé la poudre à canon l'ait utilisée pour les feux d'artifice et non comme arme de guerre ? Les Chinois aiment l'Histoire, ils l'étudient. Pas seulement la leur. Ils n'ont donc aucune intention de rater le rendez-vous avec les nouvelles possibilités technologiques qui se profilent.

WeChat part en guerre

La crise des exportations et la poussée de l'État vers l'innovation technologique : telle est la situation qui est à l'origine de la naissance de WeChat. Mais quel est le moment fondateur qui marque l'affirmation définitive de WeChat ? L'histoire de l'application retiendra certainement le jour du Nouvel An chinois de 2014, lorsque WeChat s'établit sur le marché national en défiant (et battant) la première entreprise chinoise au monde : Alibaba.

Alibaba est l'entreprise reine incontestée du commerce en ligne. C'est alors une entreprise d'envergure mondiale. Dans ses nombreuses boutiques en ligne, on peut acheter aussi bien un paquet de chips qu'un Boeing. Ou bien louer un faux mari ou une fausse épouse à présenter à ses parents ou ses amis (jusqu'à récemment, la pression était forte en Chine) ou bien trouver une personne qui rendra visite à vos parents âgés à votre place (surtout ces derniers temps, la piété filiale confucéenne a retrouvé sa popularité, même si tout le monde n'en est pas convaincu). Mais Alibaba, bien sûr, n'est pas seulement cela : c'est aussi une société financière, une sorte de banque, un colosse tout-terrain.

Au cours du Nouvel An chinois de 2014, par un coup stratégique, WeChat a permis à ses utilisateurs d'envoyer des « enveloppes rouges » virtuelles. Ces enveloppes traditionnelles contenant de l'argent, constituent le principal cadeau de fin d'année des Chinois. En permettant à ses utilisateurs de relier leur profil WeChat à leur compte bancaire, la plateforme a vu déferler un flot d'enveloppes rouges virtuelles et cela a lancé la mode, toujours en vogue aujourd'hui, de transférer aisément de l'argent. Au cours de cette veille de Nouvel An, 5 millions de personnes ont relié leur portefeuille WeChat à leur compte bancaire. Jack Ma, le patron d'Alibaba, ne l'a pas très bien pris. Alibaba dispose de son propre système de paiement en ligne. Il s'appelle Alipay et il est également très présent en Occident, dans les magasins et même dans les taxis. Jack Ma a été contraint d'admettre une terrible débâcle.

Il a désigné la démarche marketing de WeChat comme le « Pearl Harbor » des paiements en ligne, en particulier pour sa propre société. Il a compté ses pertes et a coiffé son casque de guerre, mais a rapidement été contraint d'affronter WeChat sur d'autres champs de bataille : pour ne pas prendre de retard, le 7 août 2019, jour de la Saint-Valentin en Chine, Alibaba inaugure sur Alipay un service qui permet de réaliser toutes les démarches de mariage (une fonction que, comme nous l'avons vu, WeChat proposait déjà depuis un certain temps).

De cette guerre entre WeChat et Alibaba en 2014, deux aspects importants émergent pour comprendre l'effort actuel de la Chine dans le monde des Big Data et de l'intelligence artificielle : premièrement, le dynamisme entrepreneurial et la capacité créative permettant d'exploiter dans le monde numérique certains des éléments les plus traditionnels de la société chinoise ; deuxièmement, la valeur des données, véritable trésor de l'intelligence artificielle de la Chine. Kai-Fu Lee, gourou taïwanais de l'innovation technologique et directeur d'une société de capital-risque investissant dans le secteur de l'intelligence artificielle en Chine, a appelé la Chine « *l'Arabie Saoudite des données* », en ce sens que les Chinois ont toujours eu ces réserves de données mais ne savaient pas qu'ils les avaient, à l'image de la découverte tardive du pétrole en Arabie Saoudite. De fait, pour que les machines intelligentes puissent imiter des comportements « humains », une quantité impressionnante de données est nécessaire. Dans certains cas, le développement ou non d'une application ou d'un logiciel est arrêté par le besoin en données supplémentaires. Ce n'est pas le cas en Chine. Mais comme nous l'avons vu, les données chinoises ne sont pas seulement nombreuses : ce sont également des données de qualité, car elles enregistrent non seulement les comportements en ligne des gens, mais suivent aussi l'utilisateur dans sa vie hors ligne. L'histoire qui a conduit WeChat à devenir ce qu'il est, s'inscrit dans l'histoire récente plus large de son pays et son succès est inhérent à la logique de la société chinoise elle-même. Ce n'est pas une coïncidence si en dehors de la Chine WeChat n'a pas les mêmes fonctionnalités ; il en a même beaucoup moins. Mais la façon dont WeChat accroche ses utilisateurs, les maintient dans son monde et gère toutes leurs données, a ouvert un chemin que l'Occident regarde maintenant très attentivement, au point d'essayer de l'imiter.

Pourquoi Facebook s'intéresse à WeChat

Que pourrait donc devenir Facebook (et toutes les applications qu'il contrôle, notamment Instagram et WhatsApp) dans un avenir proche ? En d'autres termes, comment un géant technologique occidental peut-il s'inspirer d'un géant technologique chinois encore plus grand que lui ? À quoi ressemblera l'avenir selon le fondateur de Facebook ? La messagerie privée, les groupes : en regardant le monde technologique chinois, Zuckerberg a compris que c'est au sein des groupes et de la messagerie privée que la future richesse de Facebook peut potentiellement être créée ; non seulement en termes de publicité possible, mais aussi et surtout en termes, par exemple, de transferts d'argent, d'achats directs et bien sûr, de la fourniture de beaucoup de données.

Depuis le mur de Facebook, notre avenir en ligne se jouera de plus en plus au sein de groupes (comme c'est déjà le cas sur WhatsApp : même s'ils nous font râler, nous sommes toujours là pour en créer – ou en subir – de nouveaux). Mais si WhatsApp ou Messenger devenait comme WeChat, nous pourrions non seulement échanger de l'argent, ou acheter immédiatement tout ce qui est suggéré par un ami, mais nous pourrions tout faire à partir de là : plus aucun courriel, message, post, envoi de documents. Alors que les utilisateurs de Facebook voient constamment des publicités dans leurs fils d'actualité, les utilisateurs de WeChat ne voient qu'une ou deux publicités par jour dans leur fil « Moment ». C'est parce que WeChat – comme nous l'avons déjà vu – ne dépend pas de la publicité pour gagner de l'argent, mais des frais sur les paiements et de nombreuses activités. Jeffrey Towson, professeur d'investissement à l'université de Pékin, a expliqué au *New York Times* que « *WeChat a prouvé de manière concluante que la messagerie privée, en particulier les petits groupes, représente l'avenir* ». WeChat et potentiellement Facebook, s'il s'engage dans son sillage, ont souvent été considérés comme une sorte de « monde » ou, pour rester dans la sphère technologique, comme un système d'exploitation au même titre qu'iOS d'Apple ou Android. La démonstration la plus claire ? WeChat dispose d'une sorte de page d'accueil à l'intérieur de l'application à partir de laquelle vous pouvez rechercher et cliquer sur toutes les mini-apps que vous voulez. L'objectif est le suivant : faire en sorte que lorsque vous allumez votre téléphone mobile, l'écran principal devienne l'écran de WeChat, et non celui d'iOS ou d'Android.

Imaginez maintenant que vous allumez votre smartphone : si Facebook suit ce chemin, il vous suffira de cliquer sur Messenger et vous aurez accès à tous les services disponibles, d'autant plus que, comme l'a annoncé Mark Zuckerberg lui-même en mai 2019, Facebook, WhatsApp et Instagram pourront échanger des messages entre eux dans un système de partage total. Si vous aviez WeChat, vous auriez déjà vu tout cela depuis longtemps.

Laisserons-nous nos données aux entreprises américaines ou à l'État chinois ?

En juin 2013, je vivais encore à Pékin pendant qu'aux États-Unis se déroulait l'un des événements qui ont changé notre époque : Edward Snowden, après avoir révélé les techniques modernes de collecte de données de la NSA (National Security Agency), s'était réfugié à Hong Kong. Je pense que c'est le moment où certains groupes sur WeChat ont enregistré leur pic historique d'activité par rapport aux messages habituels de temps, de lieux, de rendez-vous : un agent américain a dévoilé un terrible travail de contrôle, en violation de toute notion de vie privée aux États-Unis, et s'est réfugié à Hong Kong, qui pour les Chinois appartient sans aucun doute à la Chine. Les messages que j'ai reçus de nombreux amis chinois étaient tous du même ton : « *Si ce scandale d'intrusion dans la vie privée des gens s'était produit en Chine, pensez au nombre d'articles dans les médias occidentaux ! Voyons maintenant si vos médias vont raconter toute l'histoire* ». Ces événements, suivis de près par Pékin, ont pris la forme de quelque chose d'encore plus sensationnel :

pour le gouvernement de Pékin, et pour de nombreux Chinois, savoir que les États-Unis espionnent leurs citoyens était en fin de compte une vengeance. Certitude doublée du soupçon que l'Occident ferait tout pour couvrir le scandale (à l'inverse, pensaient les Chinois, de ce que feraient les médias occidentaux, devant un scandale similaire en Chine).

En outre, à partir de ce moment, une nouvelle attention aux données et à leurs utilisations potentielles a commencé à se répandre également en Chine. Il était devenu pertinent de s'interroger sur le concept de vie privée, « avec des caractéristiques chinoises », bien entendu.

En dévoilant l'existence de la surveillance de masse, Snowden avait révélé quelque chose en 2013 que nous considérons maintenant comme normal. Aujourd'hui, la collecte de données, véritable moteur du « capitalisme de plateforme » actuel, est considérée comme allant de soi en Occident comme en Chine. Six ans seulement après l'affaire Snowden, le monde des applications est lui aussi mis sur la sellette pour l'omniprésence de la collecte de données. Et cette fois, bien qu'avec moins de battage médiatique, la Chine et l'Occident se sont trouvés parfaitement alignés, ce qui montre que l'appétit du gouvernement chinois pour le contrôle ne fait pas exception.

En 2018, des scandales ont éclaté en Chine et aux États-Unis concernant le traitement de données par des applications ou des entreprises exploitant le trafic sur les médias sociaux. Le scandale de Cambridge Analytica a vu les données de 50 millions d'utilisateurs américains utilisées à des fins électorales. Il a été découvert que, par l'achat et la vente de données, la société Cambridge Analytica a utilisé des informations provenant de profils Facebook pour mener une campagne ciblée et personnalisée capable de faire bouger les intentions de vote lors de la course électorale à la présidence des États-Unis. Le scandale a provoqué une crise à la fois pour Facebook, dont la politique de confidentialité des données personnelles s'est avérée présenter de multiples failles, et pour Cambridge Analytica elle-même, qui a fait faillite peu après.

Toujours en 2018, à l'autre bout du monde, en Chine, WeChat a été accusé de livrer d'énormes quantités de données au gouvernement : l'application permettrait au gouvernement d'observer en temps réel les données sur le nombre de personnes présentes au même endroit. De cette façon, la police peut évaluer si certains groupes peuvent être « particuliers » et donc potentiellement dangereux pour la stabilité sociale. Ces tendances du gouvernement chinois ont souvent fait crier les gens au risque d'un nouveau Big Brother. Et c'est vrai : à plusieurs reprises WeChat a été surpris en train de fournir des données au gouvernement ou de soutenir les campagnes de censure du Parti communiste. Non seulement WeChat a été accusé de fournir ses données au gouvernement chinois, mais il a également censuré les utilisateurs grâce à des systèmes sophistiqués : son système de « censure » est maintenant très avancé. Lors de mes nombreuses rencontres avec des start-up technologiques chinoises, j'ai découvert que beaucoup d'entre elles avaient développé des algorithmes pour le compte de WeChat afin de bloquer des contenus au sein de la super-application chinoise. Ces outils sont aujourd'hui très avancés et peuvent également détecter les images et les messages qui utilisent l'argot spécifique créé pour éviter la censure.

Tout cela est à mettre en relation avec le côté obscur de WeChat et de nos médias sociaux et avec un discours général sur l'importance des Big Data dans notre société actuelle. La Chine et l'Occident sont depuis quelque temps arrivés à la même conclusion : les données sont la véritable richesse de notre époque. Avec les données dont nous alimentons les algorithmes et l'intelligence artificielle, ils peuvent prédire les comportements grâce aux réseaux de neurones. Si en Chine, l'État croit contrôler la population de la meilleure façon possible grâce aux données, en Occident, les entreprises et les partis croient pouvoir contrôler les échéances électorales, mettant ainsi en péril le concept même de démocratie.

Nous savons que, contrairement aux Chinois, les Américains et les Européens attachent une grande importance à la défense de leur vie privée. Mais tous les citoyens américains et européens ne savent peut-être pas qu'en donnant leur consentement à la géolocalisation dans certaines applications (trafic routier, météo, capteurs de mesure des activités physiques, etc.), leurs données sont analysées et utilisées par des entreprises spécialisées intéressées par le « profilage » de futurs clients. Ou à ceux qui souhaitent, par exemple, investir dans un secteur plutôt qu'un autre. Ou pour faire voter une personne au lieu d'une autre (« *et alors, la démocratie dont vous parlez tant ?* », commentait un Chinois). En 2018, les enquêtes des médias ont révélé que les données sur les mouvements physiques de millions d'Américains, enregistrées par diverses applications, ont été vendues à des tiers.

Dans un monde qui semble s'orienter de plus en plus vers une nouvelle bipolarité, malgré l'existence d'autres puissances régionales de force différente, la Chine et les États-Unis seront les pays qui se disputeront le défi technologique mondial et nos données, influençant le reste de la planète.

La tendance actuelle est extraordinaire, car ce qu'on appelle le « capitalisme de surveillance » rapproche de façon frappante les deux grandes puissances mondiales. La Chine et les États-Unis montrent la voie qui sera suivie par les autres pays. La différence entre le modèle chinois et le modèle américain / occidental est la suivante : dans notre monde, les données sont gérées par des entreprises qui les utilisent à des fins privées, alors qu'en Chine, c'est l'État qui détient les informations de ses citoyens. Ces deux types de gestion de données ne sont pas si différents en réalité. Par exemple, de nombreuses entreprises américaines ont été accusées de fournir leurs données aux autorités gouvernementales. Yahoo! a même été plus loin : en 2002 – comme l'ont révélé les documents du procès qui s'est ensuivi – elle a remis aux autorités chinoises les courriels de deux dissidents, qui ont été arrêtés puis condamnés à dix ans de prison. En 2007, Yahoo! a indemnisé les épouses des dissidents, qui avaient également déclaré avoir été torturées. Une marque de contrition essentiellement causée par l'intervention du Congrès des États-Unis. L'affaire a fait sensation et a soulevé les premières questions sur la relation entre les entreprises de haute technologie et les États.

Maintenant, essayons de faire un effort d'imagination : imaginons que toutes les données qui peuvent être collectées parviennent effectivement à ceux qui sont intéressés. Imaginons qu'elles parviennent à un État, même par le biais d'entreprises privées. Et imaginons que, grâce à ces données, cet État puisse décider comment organiser notre vie, comment satisfaire nos besoins, comment en créer d'autres, à partir du territoire environnant. Entrons donc dans l'univers des *smart cities*, les villes intelligentes chinoises.

2.

Les villes du futur

Il n'y a plus des milliards de personnes vivant dans une réalité qui n'aurait qu'un seul rêve d'avenir, mais des milliards de micro-mondes dans lesquels chaque réalité pourrait être le rêve le plus incroyable, voire inimaginable, d'un autre.

Xia Jia

On accède aux bureaux de l'entreprise Terminus à Pékin par reconnaissance faciale. Le hall d'entrée est entièrement blanc : les rideaux aux fenêtres, les bureaux de réception et deux fauteuils aux formes futuristes sont également blancs. La découpe en zigzag des portes qui permettent d'entrer dans les open spaces nous rappelle les films de science-fiction, notamment la célèbre saga *Star Wars*. Ce dispositif veut porter l'idée d'un « futur » plus ou moins imaginé et connu, car Terminus – fondée en 2015, une des nombreuses start-up chinoises devenue rapidement une « licorne », c'est-à-dire estimée à plus d'un milliard de dollars – manie l'avenir pour le rendre extrêmement « présent ». Son but est en effet de pourvoir au nom du gouvernement à la gestion « intelligente » de complexes résidentiels et de quartiers entiers des villes, en utilisant ce qui se fait de mieux en termes d'intelligence artificielle et d'Internet des Objets (IoT – *Internet of Things*). Les quartiers urbains gérés par Terminus fournissent toutes sortes d'informations tant sur les habitants que sur les passants. Toutes ces données proviennent du travail silencieux et incessant de caméras intelligentes, de systèmes de reconnaissance faciale, de géolocalisation, de *voiceprint* (empreintes vocales) et d'empreintes sonores : la fusion de toutes ces informations circule sur des écrans contrôlés par des agents de sécurité. Tout est consigné, chaque mouvement est enregistré. « *Si pendant quelques jours nous ne voyons pas certains habitants du bâtiment* – nous expliquent les chargés de la communication en traversant un couloir – *nous allons vérifier que tout va bien* ».

Les niveaux de pollution ou d'énergie des bâtiments et des rues sont également surveillés, mais pour l'instant, c'est une activité moins rentable que celle menée pour le gouvernement. « *En pratique, notre travail rend les villes plus sûres contre le risque d'activités criminelles* », répètent mes accompagnateurs. C'est une formule qui me semble nouvelle : pendant mes huit années consécutives en Chine, je n'ai jamais connu un sentiment de danger dans les villes chinoises, pas même la nuit et pas seulement dans les métropoles ou les centres-villes. Et j'ai pu constater à plusieurs reprises que cette perception était assez répandue.

Mais la paranoïa sécuritaire doit trouver des excuses, et comme partout, la peur est un sentiment qui a du succès dans la Chine d'aujourd'hui. Ces derniers temps, les médias locaux ont lourdement insisté sur des attentats attribués à des indépendantistes ouïgours, la minorité turcophone et musulmane de la région nord-ouest du Xinjiang. Des attaques menées par des personnes d'ethnie han dans les écoles et divers incidents criminels provoqués par la pègre locale ont également fait l'objet de reportages dans les médias nationaux. Quelques heures avant d'entrer dans les bureaux de Terminus, j'avais reçu une vidéo sur WeChat, envoyée par les autorités aux enseignants de certaines écoles, qui l'avaient à leur tour envoyée aux groupes de parents. Il s'agissait d'une vidéo effrayante, dans laquelle une animation montrait aux enfants ce qu'il faut faire en cas d'attaque terroriste. Sur la base de ce sentiment de peur développé dans la société chinoise, le Parti communiste peut aisément expérimenter les formes les plus avancées de contrôle social.

Comme dans tous les endroits qui veulent évoquer un futur déjà vu ou lu, chez Terminus comme ailleurs, une grande partie des bureaux est conçue de manière à révéler tout le potentiel de l'entreprise : sur l'écran d'une petit salle est projetée une vidéo dans laquelle sont présentés les partenaires (les noms les plus évocateurs de tout ce qui a trait à l'intelligence artificielle en Chine aujourd'hui) ; ou une salle avec une table contenant une maquette de ville et un mur d'écrans montrant des données en cours d'élaboration. On m'a toutefois averti : on ne peut pas photographier ces travaux en cours, «*parce qu'il s'agit de données sensibles*» se rapportant au comportement de millions de citoyens chinois. Un respect de la vie privée assez bizarre pour une entreprise qui contrôle 24 heures sur 24 les habitants des zones qu'elle «gère» en fournissant les données au gouvernement chinois.

Le principal client de Terminus est l'appareil sécuritaire national. Selon les explications de Xie Chao – le vice-président de Terminus – la Chine est à la pointe de ce type de nouvelles applications technologiques, notamment pour leur utilisation civile, et possède sa propre force sur le marché car elle fournit des solutions clés en main aux gouvernements locaux qui n'ont généralement ni les compétences ni les ressources pour gérer l'ensemble des entreprises impliquées dans les projets de villes intelligentes chinoises. Pour Xie Chao, ces entreprises ont besoin d'un partenaire de confiance qui puisse les aider à trouver, intégrer et gérer les différents composants matériels et logiciels. En pratique, Terminus aide les gouvernements locaux à améliorer la sécurité publique en utilisant ses propres solutions d'intelligence artificielle.

Il y a un aspect auquel Terminus accorde plus d'attention que d'autres, c'est le contrôle de la population. L'entreprise peut utiliser non seulement ce qui est produit par ses propres équipements technologiques, mais aussi le travail des diverses formes de contrôle exercées par l'organisation de quartier chinoise, c'est-à-dire les nombreux comités qui constituent l'armature de la sécurité – acceptée par tous – des espaces de la ville et qui sont en mesure de surveiller les résidents, les visiteurs et même les véhicules dans les zones désignées. Comme le rapporte la presse internationale, dès 2015, la police nationale chinoise et le ministère de la Sécurité publique avaient conçu un réseau national de vidéosurveillance capable d'être omniprésent, toujours connecté, actif et contrôlable. Le gouvernement avait laissé entendre que les forces de l'ordre pourraient bientôt utiliser la technologie de reconnaissance faciale en combinaison avec des caméras vidéo pour appréhender les criminels. Selon le bureau de la sécurité publique, Pékin est aujourd'hui couverte « à cent pour cent » par les caméras de sécurité et c'est un fait visible même pour le simple touriste. Dans les *hutongs*, le système est ensuite perfectionné par la présence de nombreux *baoans*, version locale des gardes municipaux, qui peuvent actionner des mini-barrières pour bloquer tout passage non autorisé ou indésirable. Le nom du projet gouvernemental qui veut qu'il y ait à court terme une caméra pour trois personnes en Chine est *Xue Liang* en mandarin, ce qui signifie « regard perçant », une expression rappelant le slogan maoïste selon lequel « le peuple a un regard perçant ».

Concevoir la ville intelligente

À quoi sert tout cela ? À perfectionner la vie des villes intelligentes exemplaires que la Chine est en train de construire. C'est un marché florissant : Terminus aurait déjà réalisé 6 891 projets de villes intelligentes en Chine. Ses solutions couvriraient une superficie totale de 554 millions de mètres carrés pour une population de plus de 8 millions de personnes. L'effort – explique-t-on dans les bureaux de Terminus – portera sur la possibilité d'appliquer des concepts « intelligents » aux immeubles résidentiels.

Mais qu'est-ce qu'une ville intelligente ? Il existe une littérature abondante sur le sujet ainsi que des exemples de villes intelligentes, ou de quartiers « smart », également en Europe. Selon l'encyclopédie Treccani, *smart city* est « *l'expression actuellement utilisée pour désigner les stratégies de planification urbaine liées à l'innovation et en particulier aux possibilités offertes par les nouvelles technologies de communication afin d'améliorer la qualité de vie des citoyens*».

En Chine, j'ai pu observer quelques projets de villes intelligentes. En regardant les diapositives et les maquettes, j'ai vu des endroits dont la clarté est rassurante. Les projets décrivent des territoires aux rues propres, avec des ponts stylisés au-dessus des cours d'eau, des arbres partout et d'immenses espaces verts, au sein desquels les complexes résidentiels semblent très efficaces. En regardant les dessins des projets, il faut imaginer les voitures électriques qui sillonnent des rues sans l'ombre d'un nid-de-poule, et qu'une personne est au volant car les voitures ne sont pas encore entièrement autonomes. Il faut toujours un humain à l'intérieur du véhicule pour faire face aux situations où le bon sens est requis, un élément qui fait partie de la carte mentale des humains, mais que les voitures sont encore incapables d'acquérir. En observant divers projets, j'ai imaginé des villes silencieuses, rythmées par le bourdonnement des moteurs électriques, quadrillées par des bâtiments et des services précis de très haut niveau : écoles, hôpitaux, bureaux administratifs. Tous les projets de villes intelligentes sont éco-durables : on n'y trouvera pas la moindre trace de charbon, pas même dans le coin le plus reculé d'un bâtiment.

Les villes intelligentes représentent l'idée d'un monde efficace, beau et durable. Mais combien de personnes pourront profiter de ces paradis terrestres ultra-technologiques ? Et quels seront les facteurs qui leur permettront d'y accéder ? Qui pourra y vivre et qui ne pourra pas ? Au-delà des techno-enthousiastes ou des dirigeants fascinés par la possibilité d'avoir des villes totalement « sous contrôle », les villes intelligentes risquent de devenir un nouveau dispositif créateur d'inégalité. En Chine, ils imaginent de telles villes pour 2,5 millions d'habitants. Qu'arrivera-t-il au reste de la population ? Dans quel genre de ville vivront-ils ? En Occident, le nombre de ces villes – naturellement – est en baisse. Le risque est que seules quelques personnes puissent habiter dans des villes intelligentes, vraisemblablement assez riches pour y vivre et utiliser des ressources qui ne seront pas accessibles à tous.

La série télévisée brésilienne *3 %* nous donne un exemple inquiétant de ce que pourrait devenir une ville intelligente. Dans ses épisodes, deux lieux nous sont présentés : l'un s'appelle Maralto (L'Autre Rive), l'autre Le Continent. Le premier est une sorte de lieu parfait : la nature et des espaces verts omniprésents, une technologie efficace et de haut niveau, une perspective de vie étonnamment élevée, la possibilité de guérir d'éventuelles maladies grâce à des traitements futuristes. Dans le second, vivent les Pauvres, qui sont complètement à la traîne en termes de technologie et de ressources (en raison d'un sabotage par le Maralto). Chaque année, le Maralto organise le *Processo*, une sorte de grand examen qui permet de sélectionner, pour leurs mérites, les jeunes de vingt ans du Continent qui vivront au Maralto. Seuls 3 % pourront « mériter » leur place. Et une fois dans ce paradis terrestre, les plus méritants devront se faire stériliser : dans le Maralto, il n'y a pas de place pour tout le monde et surtout le paradis ne peut pas être hérité, il doit être mérité. Au-delà de la critique que la série adresse également au concept de méritocratie, le Maralto est une transfiguration dystopique de ce que pourraient devenir nos futures villes, ou plutôt les villes intelligentes pour ceux qui auront les moyens de se les offrir. *In fine*, Maralto représente ce que nous entendons par « villes intelligentes ».

Au-delà des aspects dystopiques – ou peut-être simplement plus pessimistes – il y a deux ordres de raisonnement qui tiennent ensemble les fils invisibles qui relient les projets de villes intelligentes chinois aux projets occidentaux : la rareté des ressources qui permettront la vie dans les villes intelligentes et la disponibilité sur les marchés mondiaux de tous les outils technologiques qui permettront leur réalisation. Dans les deux cas, la Chine est favorisée : d'abord parce que les ressources nécessaires au développement des villes intelligentes se trouvent pour la plupart sur le territoire chinois ; deuxièmement parce que toutes les technologies qui feront fonctionner les villes intelligentes, même en Europe et aux États-Unis, existent *déjà* en Chine, où elles sont *déjà* testées et *déjà* compétitives sur les marchés mondiaux.

Commençons par le premier point : les projets occidentaux de villes intelligentes, tous basés sur un avenir éco-durable, dépendront de plus en plus de l'utilisation et de l'efficacité de certains éléments. Par exemple, les batteries. Seulement, ces batteries – ainsi que la plupart des outils technologiques permettant le fonctionnement d'une ville intelligente – nécessitent l'utilisation de ce qu'on appelle les terres rares. Et quel pays possède le plus de ressources en terres rares ? La Chine, bien sûr. Aujourd'hui, Pékin a presque le monopole de tous les minerais essentiels pour développer une énergie à faible teneur en carbone et tout ce qui est lié au numérique. La « guerre des métaux » – la course pour trouver ces terres rares là où c'est possible, pensons par exemple à la nouvelle ruée vers le Groenland qui s'est mise en place au cours de la dernière décennie – montre comment le destin des technologies vertes et numériques de l'Occident est entre les mains d'un seul pays, la Chine. En outre, si les terres rares sont essentielles pour la création de nos villes du futur, vertes et durables, leur extraction depuis les minerais est un processus compliqué. Et ce n'est pas un processus « propre », bien au contraire, car ce raffinage – comme le soulignent les experts – nécessite le broyage de pierres puis l'utilisation d'une série de réactifs chimiques tels que les acides sulfurique et nitrique, sans compter que pour purifier chaque tonne de terres rares, il faut au moins deux cents mètres cubes d'eau. De plus, lors de ce processus, l'eau est polluée par la présence d'acides et de métaux lourds. Une minorité vivra dans des villes durables, la grande majorité dans des lieux pollués.

Le deuxième point qui relie les *smart cities* chinoises à notre monde occidental concerne le mode de développement même des villes intelligentes en Chine : Pékin a mis en œuvre tant de projets de villes intelligentes qu'il se trouve avec une large avance sur l'Occident. Il a dès aujourd'hui la possibilité de vendre les produits technologiques nécessaires à la création de villes intelligentes à des prix compétitifs sur les marchés internationaux, y compris les marchés occidentaux.

À cet égard, il convient de rappeler que les origines du projet chinois remontent au milieu des années 1990. À cette époque, un méga plan urbain a été lancé ; puis, en 2011, les initiatives de *smart cities* ont été incluses dans le douzième plan quinquennal de l'époque. En 2018, la Chine a développé environ 500 expériences : plus que tous les autres pays réunis. Un élément du passé, le développement économique et la pollution, et un élément du futur, la course technologique qui se poursuit depuis des années, ont obligé la Chine à repenser son développement urbain, en poursuivant le modèle de la *smart city*, et avec elle la mise en place accélérée de l'Internet des Objets, qui permet tout type de contrôle. L'objectif du gouvernement chinois est d'offrir des villes sûres à sa population sous deux angles : la durabilité environnementale, au nom du nouveau mantra de la « civilisation écologique », et la sécurité personnelle. Le document sur le plan de construction de la ville intelligente de Shanghai 2011-2013 indique que « *le développement innovant et transformateur nécessite un système d'infrastructure d'information de pointe de niveau international, un système d'information et de renseignement efficace, un secteur informatique de nouvelle génération et un système de sécurité de l'information régional fiable. Afin de jouer pleinement le rôle du marché, et suivant les directives du gouvernement, une ville intelligente doit posséder les caractéristiques clés de la numérisation, de la mise en réseau et de l'intelligence pour élever le niveau de modernisation globale de la ville et permettre aux citoyens d'en partager les bénéfices.* »

Cette approche, également confirmée par plusieurs documents gouvernementaux produits à partir de 2014, vise donc à construire des villes de taille moyenne, hyperconnectées et capables d'exploiter les nouvelles technologies pour contrôler les problèmes d'environnement, de trafic et de population, justifiés par la nécessité d'éradiquer la criminalité dans les villes chinoises. Ce dernier élément est largement pris en compte par la population : par exemple, à Longgang, un district de Shenzhen assez célèbre dans tout le pays pour son taux de criminalité élevé, les cas de vol et de braquage ont diminué de plus de moitié grâce à 7000 nouvelles caméras haute définition – équipées de logiciels d'intelligence artificielle – dans tout le district.

Mais parmi ces hypothèses bénéfiques, une préoccupation se fait jour : comment les citoyens peuvent-ils protéger leur vie privée lorsque des capteurs collectent des données sur tout ce qui les entoure ? Bien sûr, tout cela a un impact – et aura également un impact dans nos futures villes intelligentes – sur les questions liées aux données personnelles des citoyens. Et certains exemples chinois devraient en ce sens servir d'avertissement à l'Occident. En mars 2019, la déclaration de Robin Li, P.-D.G. de Baidu – le plus important moteur de recherche chinois – sur la protection des données et de la vie privée des citoyens chinois devrait nous inciter à tirer la sonnette d'alarme : « *Les Chinois sont relativement plus ouverts et moins sensibles à l'utilisation des données personnelles… S'ils ont la possibilité d'échanger leur vie privée pour des raisons de sécurité, de commodité ou d'efficacité, ils sont souvent disposés à le faire* ». Dans tout cela, la loi chinoise de 2017 sur la cybersécurité a également son importance, qui – tout en annonçant qu'elle veut protéger les données des citoyens – ne clarifie pas le rôle du gouvernement ni ce qu'il advient des données collectées par l'intersection de différentes technologies. Sans oublier, et revoilà la relation avec l'Occident qui pointe son nez, que la loi oblige également les entreprises étrangères à utiliser des serveurs et des *clouds* chinois.

La question de la vie privée posée par la collecte et le traitement des données des citoyens extraites dans les villes intelligentes semble à des années-lumière de notre Europe. Mais elle sera bientôt d'une grande actualité. Surtout lorsqu'on sait que la Chine est déjà en train de finaliser ce qui devrait être le « projet des projets ».

La ville intelligente des villes intelligentes

Le président chinois Xi Jinping a indiqué le lieu et l'heure pour faire de Xiong'an, à une centaine de kilomètres de Pékin, le modèle mondial de *smart city*. Deux millions et demi d'habitants pour une zone qui – une fois résolu un problème qui n'est pas mineur, c'est-à-dire être construit sur une surface polluée comme peu d'autres dans le monde – devrait devenir le phare, le guide, l'exemple pour toute la planète de ce que l'on entend par ville intelligente. Tout a commencé en 2017, lorsque la première annonce est arrivée présentant Xiong'an comme une ville nouvelle, le point d'appui de la « stratégie pour un nouveau millénaire », une zone capable de démontrer un modèle urbain durable, moderne et innovant non seulement à la Chine, mais à toute l'Asie (qui est aujourd'hui le continent le plus avancé et bientôt celui où sera produite la plus grande part de la richesse mondiale). En juin 2017, Xi Jinping a présidé une réunion du Parti communiste sur l'urbanisme à Pékin, au cours de laquelle il a déclaré que si la capitale devait rester le centre de la politique nationale, de la culture, des échanges internationaux et de l'innovation scientifique, toutes les autres fonctions devaient être déplacées ailleurs, dans d'autres lieux comme Xiong'an. Entre-temps, Xi Jinping a promu un certain nombre de fonctionnaires expérimentés à cette fin. En particulier Xu Qin, maire de Shenzhen de 2010 à 2017, qui a été parachuté comme nouveau gouverneur du Hebei, la région qui accueillera la nouvelle ville. Chen Gang, un technocrate qui a supervisé les industries de haute technologie de Pékin, est devenu le premier dirigeant de la nouvelle zone de Xiong'an.

À quoi ressemblera donc Xiong'an ? Elle sera propre, ordonnée, la mobilité y sera constamment contrôlée : transports publics électriques et algorithmes prêts à mieux organiser le trafic, qui sera rare. Et bien sûr, puisqu'il s'agit de la Chine, elle sera hyper-contrôlée. De plus, et cela nous intéresse beaucoup, elle ne sera pas seulement le fruit de la recherche chinoise : les pays européens et l'Union européenne elle-même participeront également au projet *smart city of smart cities*. En Chine, en effet, on travaille à la construction d'une ville idéale, capable de s'adapter également aux caractéristiques occidentales. Une ville onéreuse, bien sûr, mais Pékin n'entend pas ménager ses efforts : on estime que 580 milliards de dollars seront nécessaires pour construire l'ensemble de la nouvelle ville, tandis que 91 milliards supplémentaires seront dépensés pour créer l'immense quantité d'infrastructures nécessaires aux transports (à l'intérieur de la ville et à l'extérieur, pour l'atteindre). L'objectif est de faire de Xiong'an un nouveau pôle technologique et financier : 80 % de la croissance économique dans ce nouveau domaine dépendra en grande partie des industries de pointe, la priorité étant accordée aux investissements dans la biotechnologie et l'étude des nouveaux matériaux. Les plus importants géants chinois de la haute technologie comme Baidu, Alibaba et Tencent, seront de la partie : ils ont déjà annoncé leur intention d'y établir leurs filiales. De même, les principales entreprises de télécommunications chinoises, dont China Mobile, China

Unicom et China Telecom, testeront les nouveaux réseaux 5G à Xiong'an. Les publications sur la région estiment que Xiong'an sera « *verte et intelligente* » d'ici 2035.

Mais il y a également quelques problèmes. L'un d'entre eux m'a été exposé par un fonctionnaire de la Commission nationale pour le développement et la réforme, à Pékin, dans son bureau au bout d'un couloir rempli de piles de papier, de peinture écaillée et de tableaux éblouissants de « grandes œuvres » chinoises. Le problème, m'a-t-il dit, est que les indications venant d'en haut ne concernent que la technologie et le contrôle, la sécurité et la mobilité. Qu'est-ce qui manque ? L'art, la culture, le rêve, l'expérience. Xiong'an, comme beaucoup d'autres « nouvelles » villes chinoises, risque de connaître le destin habituel en ce pays : un espace tiré au cordeau, propre, organisé mais inhabité. S'il est finalement habité et s'il devient un jour réalité, à quoi ressemblera le projet ? Le fonctionnaire, tout en expliquant son idée, a projeté des diapositives et des images ainsi que ses interventions à des conférences via WeChat. Son idée ? Animer la future ville intelligente avec des animations, des points chauds de nature artistique, capables de transmettre des interactions et des informations, et de préfigurer une connexion avec le reste du pays et le monde à travers ce qui aujourd'hui, en Chine, est utilisé comme un fétiche : le patrimoine culturel.

Le regard perçant de la Chine (en Occident)

Une fois sorti des bureaux de Terminus, j'ai pris un taxi pour rentrer chez moi. En chemin, j'ai regardé les nouvelles d'Italie sur mon smartphone. Et je tombe sur cette information, rapportée par *Il Sole 24 Ore* : « *Contrôles informels entre voisins, pour identifier les situations anormales qui pourraient générer des appréhensions, en informant les habitants de la zone.* “Il ne s'agit pas de faire des patrouilles”, *est-il précisé dès les premières lignes du projet de loi signé par environ quatre-vingts députés de la Ligue. La solution à laquelle les représentants du Carriocco [chariot à bœufs, emblème de la Ligue] ont pensé est plutôt une surveillance de voisinage* ».

Pour les Chinois, le fait d'enrôler des citoyens pour contrôler d'autres citoyens n'est pas nouveau. Cela s'est toujours fait, avec des précédents très anciens, remontant même à l'histoire impériale : pendant la courte mais fondamentale période de la dynastie Qin (221-206 av. J.-C.), dans la vie quotidienne, la société était organisée sur un mode parfaitement militaire ; tous les habitants étaient divisés en groupes de cinq ou dix familles qui travaillaient ensemble et se surveillaient mutuellement. Un système de surveillance totale était déjà en place à cette époque, dans le cadre duquel chaque personne était tenue de signaler les comportements considérés comme « déviants ». Plus près de nous, pendant le maoïsme, les unités de travail, et plus tard les nombreux citoyens engagés dans des activités de contrôle mutuel, ont poursuivi cette tradition. Et encore aujourd'hui, il ne sera pas difficile de trouver dans les quartiers de Pékin des personnes âgées avec un brassard rouge au bras, chargées de contrôler la zone et capables de raconter le moindre détail de la vie de presque tous les habitants.

C'est peut-être à cause de ces références plus ou moins lointaines que les Chinois semblent accepter facilement le développement « urbain » au nom de la « sécurité » et de la dissuasion (obtenue grâce aux modèles prédictifs adoptés par la police locale) contre les criminels.

Aujourd'hui, le « regard perçant » de la Chine n'est pas seulement une source d'inspiration : il est une réalité. Terminus – comme d'autres entreprises chinoises – est dans la course pour conquérir un marché en constante expansion. Selon la presse nationale, si l'on inclut « *les systèmes de vidéo-surveillance, le contrôle d'accès, les alarmes de police, les systèmes d'inspection de sécurité* » et le reste, le marché de la sécurité publique était estimé à 90 milliards de dollars à la fin de 2017 et devrait passer à 162 milliards de dollars en 2023, selon l'Association chinoise de l'industrie de la sécurité et de la protection. Il s'agit là d'une tendance mondiale, influencée en grande partie par ce qui se passe en Chine : le marché mondial de la vidéosurveillance était estimé à 40,37 milliards de dollars en 2018 et devrait atteindre une valeur de 95,98 milliards de dollars d'ici 2024.

L'Italie n'est pas en reste : en 2019, le conseil municipal de Rome a longuement discuté des caméras vidéo « anti-vandales » de Huawei, provoquant des réactions négatives, dont une question au parlement municipal concernant les raisons budgétaires qui empêchent en réalité la municipalité de Rome d'installer ces caméras « intelligentes ». C'est pourtant la tendance. À Florence, la technologie chinoise n'est pas utilisée, mais en août 2019, le maire Nardella a pu exulter – démontrant au passage qu'il n'y a pratiquement plus de différence dans ce pays entre la droite et la gauche en ce qui concerne les politiques de sécurité – en proclamant Florence « *ville la plus vidéosurveillée d'Italie* ». En février 2019, c'est au tour de Cagliari d'annoncer l'expérimentation d'un projet de ville intelligente qui s'articule autour de l'IOC (Intelligent Operation Center), un méga-ordinateur capable de contrôler tous les aspects du projet, créé grâce au financement et à la technologie fournis par le chinois Huawei.

La Chine n'a pas seulement une influence sur les tendances mondiales, mais elle a la capacité d'imposer ses produits sur le marché mondial, ce que prouve l'exemple même des États-Unis. Ainsi, l'armée américaine a commencé à acheter des produits de vidéosurveillance chinois. Les motivations : le prix et la performance. Selon une enquête du *Financial Times*, la base militaire de Fort Drum a acquis en juin 2018 des caméras Hikvision pour une valeur de 30 000 dollars. Un appel d'offres pour des caméras de sécurité au camp de base du corps des Marines à Lejeune en janvier 2019 a révélé, entre autres choses, que le matériel Hikvision pouvant fonctionner en réseau avec d'autres caméras, donnerait accès à des données sensibles provenant des autres outils technologiques utilisés. C'est la plus grande crainte des Américains en ce moment : qu'une entreprise chinoise puisse surveiller la population américaine, y compris les dirigeants, et ainsi acquérir des données sensibles qui sont fondamentales pour la sécurité nationale. Ce ne sont là que des soupçons, il n'y a pas de preuves pour le moment.

L'expansion rapide sur le marché américain des technologies de surveillance de Hikvision, dont 42 % du capital appartiennent au gouvernement chinois, a commencé en 2010, lorsqu'elle a commencé à vendre des alternatives beaucoup moins chères aux appareils de marques telles qu'Axis et Bosch. En 2016, la société chinoise était devenue le deuxième fournisseur de produits de vidéosurveillance aux États-Unis, avec 8,5 % du marché des caméras de surveillance. Ce sont notamment les prix qui ont attiré vers la Chine les petites entreprises et les polices locales. Joseph Patty, ancien chef de la surveillance au département de police de Memphis, qui dirige maintenant une entreprise de conseil en sécurité, a ainsi déclaré que la marque est devenue populaire principalement en raison du prix. Bien sûr, la présence de caméras fabriquées en Chine sur le web a immédiatement suscité des soupçons, soutenus par la directive du gouvernement américain interdisant l'achat de technologie chinoise pour son secteur militaire. Mais fin juillet 2019, le *Financial Times* relate que « *les caméras produites par Hikvision sont restées en place à la base aérienne de Peterson dans le Colorado, au siège du Commandement de la défense aérospatiale de l'Amérique du Nord (NORAD) et au quartier général du Commandement spatial de l'armée de l'air* ».

Les services de police d'États tels que le Massachusetts, le Colorado et le Tennessee utilisent toujours des caméras Hikvision. Le département de police de Memphis dispose à lui seul d'au moins 1 500 de ces caméras. Pourquoi ? Parce que c'est la performance qui compte. Comme l'ont rapporté les médias internationaux, le système Hikvision est capable d'identifier avec précision les visages, quelle que soit l'origine ethnique, alors que certaines technologies développées en Occident ne sont précises qu'en ce qui concerne la population à la peau blanche. Cela se produit pour une raison très simple : les possibilités qu'a la Chine d'expérimenter et de perfectionner son arsenal sécuritaire sont immenses, grâce à l'énorme quantité de données dont elle dispose. Et elle peut compter pour cela sur des zones dans lesquelles elle peut sans frein améliorer sa technologie. Nous allons nous concentrer sur deux régions en particulier, l'Afrique et la région chinoise du Xinjiang.

Les ramifications chinoises en Afrique

Pourquoi la technologie chinoise est-elle aujourd'hui considérée comme si avancée en termes de reconnaissance faciale et de compétitivité internationale ? Une première explication tient à la taille gigantesque d'un continent destiné à croître de façon spectaculaire en termes démographiques au cours des prochaines années : en 2050, un enfant sur 13 dans le monde sera nigérian, un sur quatre sera africain. L'Afrique est le continent dans lequel la Chine investit en termes économiques et politiques depuis des années maintenant, remplaçant dans de nombreux cas l'ancien régime colonial occidental. Il suffit de rappeler qu'à peine entré en fonction en 2013, le nouveau président de la République populaire, Xi Jinping a effectué sa première visite d'État en Tanzanie, en Afrique du Sud et au Congo, témoignant ainsi des relations très étroites entre la Chine et l'Afrique. Sur le continent africain, Pékin joue le rôle de moteur de l'industrialisation, avec des investissements et la création de zones économiques spéciales qui permettent à la Chine de déverser son excédent commercial et de gérer ses financements en quête de ressources. Les accusations ne manquent pas contre Pékin, soupçonné de mener de vastes opérations d'accaparement des terres et d'influencer fortement l'économie des pays africains qui, à long terme, risquent de se retrouver dramatiquement endettés auprès de la Chine.

Mais cette relation privilégiée de la Chine avec les pays d'Afrique a aussi d'autres implications, liées précisément à l'intelligence artificielle. En mars 2019, la société chinoise CloudWalk Technology, basée à Canton, a signé avec le Zimbabwe un partenariat pour lancer un programme de reconnaissance faciale à grande échelle dans tout le pays. L'accord, soutenu par l'initiative « One Belt, One Road » (Nouvelles routes de la soie) du gouvernement chinois – un plan géopolitique d'investissement et d'infrastructure gigantesque, considéré comme le plus grand projet stratégique de l'histoire de l'humanité – vise à appliquer la technologie de Pékin à la sécurité du pays africain. Et cela implique également un niveau d'expérimentation et de recherche sur les visages africains, afin de perfectionner au maximum le mécanisme de reconnaissance faciale de la technologie chinoise.

Comme nous l'avons déjà vu, certains aspects qui nous semblent futuristes sont déjà une réalité en Chine. La reconnaissance faciale est une réalité quotidienne dans les villes chinoises : elle est utilisée aussi bien pour les paiements dans les restaurants que pour entrer dans les bâtiments publics, les banques, les écoles, les universités.

Récemment, une campagne massive a été lancée à Shenzhen pour l'utilisation de la reconnaissance faciale dans tous les domaines de la vie quotidienne. Ce sont des activités qui, comme d'habitude, permettent d'accumuler le nouveau pétrole de notre époque, les données. Les Big Data recueillies finissent dans une grande base de données : les entreprises chinoises doivent en effet accepter un lien étroit avec le gouvernement, non seulement en termes de financement, mais aussi en termes de partage des données recueillies avec les responsables du Parti communiste. Le système de surveillance chinois est actuellement l'un des plus avancés de la planète et l'objectif du « débarquement » au Zimbabwe est d'améliorer son savoir-faire pour rendre ses produits encore plus compétitifs sur le marché international : l'introduction de la technologie sur une population majoritairement noire permettra aux entreprises chinoises d'identifier plus clairement les autres groupes ethniques, dépassant ainsi les développeurs américains et européens.

Un autre exemple de cette capacité chinoise est celui de Transsion Holdings, une société presque inconnue qui a commencé à faire son chemin sur le marché des smartphones en Afrique, pour finalement dépasser Samsung. En avril 2018, Transsion a présenté un nouveau modèle de smartphone doté d'une technologie de reconnaissance faciale. Où sera-t-il commercialisé ? En Afrique, bien sûr. Huawei, le géant des télécommunications qui est devenu leader du marché des smartphones et des réseaux, a commencé son ascension à partir d'un marché « secondaire », à savoir l'Amérique latine. Comme d'habitude, la Chine reprend les chemins qui l'ont auparavant menée au succès.

Surveiller et punir : le dossier du Xinjiang

La minorité ouïgoure, un groupe ethnique turcophone et musulman, vit dans la région du Xinjiang, au nord-ouest de la Chine. Il y a actuellement environ 11 millions de Ouïgours dans la région. Sur ce territoire résident des symboles de la culture musulmane. Certaines villes, comme Kashgar, ravivent, à la simple évocation de leur nom, des souvenirs et d'incroyables histoires d'aventures liées au commerce, aux échanges, et à des vies extraordinaires. Mais la région n'a pas toujours été musulmane : elle a aussi et surtout été une région traversée par des populations nomades aux mille religions et croyances, avec diverses attitudes et organisations sociales. La région a longtemps été considérée comme imprenable, car elle était occupée par le désert du Taklamakan, la terreur de tout explorateur.

Aujourd'hui, dans les villes de la région, les marchés en plein air, l'odeur de la viande d'agneau et des épices catapultent l'esprit de chacun dans un imaginaire arabisant. Les Chinois de la région ont les yeux bleus ou de longues barbes ; dans tout le Xinjiang, à travers ses villes, ses montagnes, son désert, on peut admirer non seulement la beauté des paysages mais aussi la grandeur historique, culturelle et ethnique de la Chine. La première fois que je me suis rendu dans la région, il m'a cependant fallu très peu de temps pour constater le niveau de surveillance et de tension, en raison de la présence de points de contrôle sur les routes à la sortie des grandes villes et de la présence massive de policiers. À Urumqi, j'ai été suivi pendant trois jours par deux fonctionnaires. Leur but, disaient-ils, était d'assurer ma sécurité. Le fait est que les Ouïgours sont considérés dans tout le pays comme des bons à rien, parfois même comme des voleurs et des trafiquants de drogue. Depuis lors, lorsque les tendances autonomistes ont fini par se fondre – bien que les données ne soient pas du tout claires – dans la vague djihadiste plus générale, Pékin a serré encore plus la vis. Demandant à la communauté internationale de reconnaître la menace du terrorisme international dans le Xinjiang, Pékin a traqué les suspects djihadistes et tenté d'étouffer l'élan religieux en utilisant d'abord l'argent. Une campagne de longue haleine intitulée « Go West » a appelé les entreprises chinoises à investir dans cette région stratégique pour le gouvernement et les projets futurs de Xi Jinping et ses Nouvelles routes de la soie. Outre l'argent, avec les routes – pas partout – et le commerce, sont aussi arrivés les Hans, que nous appelons Chinois et qui constituent l'ethnie majoritaire en Chine.

On est alors passé à l'étape suivante : depuis quelques années, Pékin a transformé ce territoire en un immense laboratoire social qui, selon certains spécialistes, frise désormais l'expérience totalitaire pure et simple. La région est la plus surveillée du pays ; dans chaque quartier surgissent des postes de police : des caméras partout, un territoire militarisé et parfois fermé vers l'extérieur.

Outre une série de mesures officielles contre l'ethnie ouïgoure, se déroule une opération de nature « éducative », à en croire le Parti communiste : au moins un million de Chinois d'ethnie han ont été envoyés au Xinjiang dans le cadre d'un programme appelé « Unis comme une seule famille ».

Leur tâche consiste à devenir un « parent » d'une famille du Xinjiang, à s'installer chez elle et à devenir un citoyen-policier. Cette tâche est essentielle non seulement pour surveiller, mais aussi pour condamner. Cela semble étrange à nos yeux, mais c'est ainsi : un million de fonctionnaires, des grandes entreprises d'État aux agences de presse d'État, ont été envoyés dans les foyers ouïgours pour les contrôler et les éduquer à une culture patriotique, en mandarin (et non en langue ouïgoure) et avec une dévotion totale à Xi Jinping.

Chacun d'eux, enfin, rapporte aux autorités le comportement des Ouïgours sous sa surveillance, décidant ainsi de leur avenir : en cas de jugement négatif, pour certains des « contrôlés » les portes des « camps de rééducation » chinois sont ouvertes. Comme nous l'avons déjà vu, la Chine sait réunir différents instruments de contrôle social : les plus technologiques, mais aussi les plus traditionnels, liés à l'organisation territoriale et sociale spécifique des villes.

Mais ce n'est pas tout. Nous avons vu comment l'Afrique, en plus de garantir des ressources et des débouchés à la production chinoise, est aussi un laboratoire pour ses industries technologiques. Dans le Xinjiang, la même chose se produit : si à l'avenir les caméras et les applications de contrôle social de fabrication chinoise seront également utilisées par les gouvernements démocratiques, c'est parce que Pékin peut se permettre de tester ses produits en toute liberté sur des personnes réelles. Human Rights Watch a dénoncé un programme massif de collecte de données en cours dans la région du Xinjiang : une sorte de *Minority Report* avec des modèles prédictifs – pas les précogs (les personnages de *Minority Report* capables de prédire des événements criminels) du film de Spielberg ou de l'histoire de Philip K. Dick – donc quelque chose de réel, de vrai. Imaginons la scène : un policier chinois arrête un Ouïgour dans la rue. Grâce à une application, il effectue un balayage facial ; immédiatement, les données de cette personne apparaissent sur l'écran (au Xinjiang, la police recueille également l'ADN des Ouïgours et saisit souvent les passeports). Il connaîtra également certains détails personnels : combien de fois il se rend à la mosquée, s'il a financé des associations religieuses, ses déplacements. Et si le policier décide qu'il y a « un risque » que cette personne puisse nuire à la sécurité, il peut l'arrêter. « *Pour la première fois* », a expliqué Maya Wang de Human Rights Watch, « *nous sommes en mesure de démontrer l'utilisation par le gouvernement chinois de Big Data et d'une politique de prédiction qui non seulement viole clairement le droit à la vie privée mais autorise les fonctionnaires à procéder à des arrestations arbitraires* ».

En novembre 2019, le *New York Times* a publié les « Xinjiang Papers », des documents confidentiels du Parti communiste remis au journal par un de ses responsables, dans lesquels figurent des directives internes et des discours de Xi Jinping et d'autres dirigeants, d'où émerge un plan systématique de détentions massives contre les Ouïgours. Et quelques jours plus tard, le Consortium international des journalistes d'investigation a publié d'autres documents provenant du Parti communiste chinois qui contiennent de véritables manuels de gestion des arrestations et de l'internement dans les camps de rééducation.

Innoway

Selon les estimations du co-fondateur de *Wired*, Kevin Kelly : « *La Chine a cinq à dix ans pour créer un produit véritablement mondial que tout le monde voudra. Il peut s'agir d'une voiture autonome ou d'un robot. Ils sont encore dans une culture de la copie, comme l'a été le Japon pendant longtemps. Mais ensuite, le Japon a fait une percée avec le Walkman de Sony, les appareils photos et d'autres choses que les gens voulaient. Le Japon était le meilleur pour fabriquer ces produits. Je pense que la Chine se rapproche de ce moment.* »

L'un des endroits d'où ce produit que « nous désirerons tous » pourrait sortir est sans aucun doute l'Innoway, la rue de Pékin où les rêves des start-up chinoises les plus cool du moment sont en train d'éclore. En venant de la station de métro Zhongguancun, en traversant des ponts sur des routes à huit voies, en traversant d'énormes centres commerciaux dédiés à l'électronique, on a l'impression d'être catapulté au début du film *Vanilla Sky*. Un silence feutré règne dans cette rue – autrefois occupée surtout par des librairies – alors que de très jeunes gens la parcourent, les yeux fixés sur leurs smartphones. Innoway fait un clin d'œil à l'atmosphère geek et informelle de la Silicon Valley américaine, mais elle présente des « caractéristiques chinoises » évidentes : comme dans le reste de Pékin, il n'y a pas de place pour l'argent liquide, tout se fait avec WeChat, y compris le chargement des téléphones mobiles, qui comme la connexion wifi s'obtient en lisant un QR code avec la reine mère de toutes les applications chinoises. « Laboratoire de rêve » est la plaque que vous pouvez lire à l'entrée d'un bâtiment ; devant celui-ci se trouve un bureau portant le logo de Microsoft. Non loin de là, on repère le siège de Tencent.

En traversant la rue, vous trouverez le premier de divers écrans qui montrent tous les pouvoirs de la reconnaissance faciale appliqués à la circulation et qui peuvent immédiatement signaler qui est hors des clous. Une scène qui fait plutôt révolution culturelle à nos yeux d'Occidentaux, mais qui est aujourd'hui perçue d'une manière complètement différente par les Chinois. Sur l'Innoway, il y a des robots, des systèmes de reconnaissance faciale pour les distributeurs de snacks, des capteurs, des caméras intelligentes, des assistants vocaux capables de soutenir une conversation humaine. Xiaomi, aujourd'hui un géant du marché des smartphones et qui a misé sur l'intelligence artificielle, en a produit un il y a déjà deux ans, et on dit qu'il est surprenant. L'avenir sera ainsi : comme dans la série télévisée *The Expanse*, nous passerons notre temps à demander directement à l'intelligence artificielle de nous indiquer les réponses à toutes nos demandes. Ou, comme le dit Ian McEwan dans *Une machine comme moi*, nous pourrions avoir des robots, de véritables « amis » capables de nous faciliter la vie (ou d'insérer dans nos trajectoires mentales des questions dérangeantes, grâce à leur capacité à évaluer en une nanoseconde des milliers de données dispersées sur le net).

C'est ce qui est le plus caché à l'intérieur des bureaux d'Innoway, mais qui constitue la véritable richesse de cette rue d'un peu plus de deux cents mètres : le travail incessant de création, d'amélioration, de contrôle et de vérification de toutes ces applications capables de percer sur le marché et d'offrir à la Chine un nouveau potentiel en termes de villes intelligentes et de processus industriels. On expérimente ici des algorithmes capables d'automatiser des usines, de faire fonctionner des véhicules autoguidés (notamment au niveau de la gestion logistique complexe, des transports publics, ou pour de longues distances), des systèmes de surveillance capables de réguler le trafic urbain (et bien sûr de contrôler dans les moindres détails les déplacements des habitants). Dans cette rue, on cherche des solutions pour les villes chinoises du futur. Innoway représente bien la Chine lancée vers un leadership technologique qui – s'il enrichira certains et permettra probablement de vivre dans des villes plus sûres, plus propres et plus ordonnées – pourra développer une forme hyper-technologique de « contrôlocratie ».

Innoway se trouve dans la zone de Zhongguancun, qui était déjà le centre technologique de la Chine à l'époque de Lenovo et des grandes entreprises capables de pénétrer les marchés internationaux grâce à l'intégration du matériel et au travail épuisant et minutieux des ouvriers et des ouvrières. Pékin, Haidian, zone universitaire, marché électronique : l'histoire de Zhongguancun recoupe celle de la Chine et représente au mieux la transformation du pays d'« usine du monde » en puissance technologique capable d'investir, d'animer son marché intérieur et de conduire les villes chinoises à devenir de plus en plus *smart*, en se concentrant sur l'intelligence artificielle et les Big Data appliquées à certains thèmes clés cruciaux pour le gouvernement : mobilité, contrôle et sécurité, automatisation dans l'industrie. Ancien cimetière d'eunuques abandonné, Zhongguancun était encore un petit village dans les années 1970, et sa transformation commencée dans les années 1980 ne pouvait qu'emballer la machinerie de propagande. Aujourd'hui, grâce à la proximité territoriale de Beida (l'université de Pékin) et de Tsinghua, c'est le berceau de géants technologiques et de start-up chinoises à succès.

Ceux qui travaillent à Innoway le savent : un ingénieur chinois spécialisé dans l'intelligence artificielle gagne plus que son homologue occidental. La transformation des années 1990 jusqu'à aujourd'hui a été radicale, grâce aussi au soutien politique. Le gouvernement a décidé d'y investir, conscient que le processus technologique chinois avait besoin de certains éléments fondamentaux : un lieu où pourraient coexister différents types d'innovation, des ingénieurs, des programmeurs, des gestionnaires et de l'argent. En 2014, le Parti communiste a investi environ 36 millions de dollars ; en 2015, il y a eu la visite du Premier ministre Li Keqiang. Depuis son « inauguration », Innoway a fait office d'incubateur pour 3 000 start-up, dont 355 étrangères. Plus d'un millier de start-up ont levé des fonds pour un montant de 4,29 milliards de dollars (dans toute la zone de Zhongguancun, on compte aujourd'hui environ 9 000 entreprises de haute technologie).

Bien que le récent ralentissement de l'économie chinoise – dû à plusieurs facteurs, notamment la guerre commerciale avec les États-Unis – a également affecté sa partie la plus avancée, l'air que l'on respire dans le secteur technologique semble différent de celui du reste de la ville. Aussi parce qu'Innoway est désormais le fleuron de toute la zone de Zhongguancun : c'est là que vivent les start-up, les incubateurs d'entreprises, les investisseurs, les programmeurs et les ingénieurs les plus prometteurs du pays. C'est par là que les entreprises étrangères doivent passer pour trouver des fonds et lancer des projets de haute technologie. De petits bâtiments se succèdent dans la rue : au premier étage, on trouve surtout des librairies et des cafétérias où garçons et filles (la moyenne d'âge est très basse et fait oublier un instant les problèmes dus au vieillissement de la population, aujourd'hui l'un des plus importants selon la direction communiste) prennent rapidement un repas ou sont en réunion. Dans certains cas, au rez-de-chaussée, il y a des expositions des produits les plus innovants, comme dans le cas de Baidu, qui y possède son laboratoire d'intelligence artificielle. On monte ensuite aux étages de bureaux, généralement introduits par des pièces avec des tables et des canapés, très souvent équipées de *desks*, car la tendance est d'encourager au maximum le *coworking*. C'est un environnement où de nombreuses entreprises étrangères cherchent également l'inspiration (et les talents), mais il est spécifiquement chinois. Dans ce simili-campus feutré, propre et stimulant, il y a au moins une vingtaine d'événements par semaine : présentations, conférences, *networking*.

Au cours de la semaine que j'ai passée à parcourir chaque pavé de cette rue, un projet d'innovation dédié aux jeunes a été présenté (dans les écoles chinoises, l'intelligence artificielle est déjà un sujet d'étude et des cours universitaires axés principalement sur l'intelligence artificielle et les Big Data sont partout organisés) et les dirigeants locaux du parti étaient présents : le PCC sait bien que cette petite rue pourrait aider le gouvernement de différentes manières et essaie d'être présent, en laissant autant que possible – nous sommes quand même en Chine – la liberté d'expérimenter. D'autre part, lorsque j'ai demandé leur avis aux très jeunes faisant la queue pour un café, une idée commune semblait persister : la technologie pourrait rendre la vie plus facile, disent-ils, en rendant les villes chinoises plus sûres. Et le rêve de vivre dans une ville aussi ordonnée, propre – et avec beaucoup moins d'habitants que les mégalopoles chinoises actuelles – met d'accord les programmeurs, les ingénieurs et le Parti communiste. C'est pourquoi aux questions sur le défi technologique actuel avec les États-Unis, la réponse est presque toujours la même : « *Ne pensons pas aux États-Unis, c'est la Chine qui a besoin de ce processus* ».

Comment la 5G et l'intelligence artificielle vont changer nos vies

Il fut un temps où, lorsqu'on voulait penser à l'avenir, on se référait surtout aux États-Unis. Aujourd'hui, notre attention se porte sans aucun doute de l'autre côté du monde, sur la Chine. Pensons seulement à l'industrie culturelle : jusqu'à récemment, le cinéma et la littérature de science-fiction imaginaient des mondes encore lointains dans lesquels, pourtant, c'étaient les Américains qui sauvaient la planète. Ou encore, dans lesquels les extraterrestres ou l'exploration de mondes lointains avaient de toute façon à voir avec les États-Unis. Ces dernières années, le film de science-fiction le plus important est *The Wandering Earth*, produit par la Chine, avec des acteurs chinois et des Chinois qui sauvent le monde. Lancé dans tous les cinémas du monde et également distribué par Netflix, avec plus de 700 millions de dollars de recettes, c'est le deuxième film le plus réussi économiquement dans l'histoire du cinéma de production non américain après *Wolf Warrior 2*, sorti en 2017.

Et cela ne touche pas seulement le cinéma. Aujourd'hui, le plus célèbre écrivain de science-fiction du monde s'appelle Liu Cixin ; il est chinois. Déjà bien connu dans son pays, il a également pris son envol sur le marché international après qu'un exemplaire de son livre le plus célèbre, *Le Problème à trois corps*, ait été photographié aux mains de l'ancien président américain Barack Obama. L'industrie culturelle anticipe en général les tendances actuelles et futures dans le monde économique.

À cet égard, aujourd'hui, dire futur signifie dire 5G. Tous les experts sont d'accord : la 5G va changer notre vie quotidienne et comme la Chine est, avec la Corée du Sud, le pays le plus avancé dans l'expérimentation et celui qui la commercialisera probablement en premier, l'influence qu'elle aura sur le reste du monde sera énorme. Selon *Wired*, la 5G sera plus rapide que la 4G mais « *moins rapide que la téléportation* ».

Une révolution aux tonalités encore plus éclatantes que lors du passage à la 4G, car elle sera surtout utilisée par l'intelligence artificielle et donc non seulement pour la gouvernance, mais aussi pour la fabrication industrielle (pensez à la vitesse de traitement d'artéfacts informatiques très puissants et très rapides et capables de faire fonctionner des machines beaucoup plus vite et plus efficacement qu'avec des travailleurs), ce qui fera que la 5G aura un impact significatif sur le PIB des États.

Mais il y a deux problèmes : le premier est déjà en acte, et a trait à un affrontement géopolitique rampant entre la Chine et les États-Unis. L'enjeu est la primauté pour rendre la 5G utile pour la vie quotidienne. Et celui qui remportera cette course bénéficiera de tous les avantages de l'affaire. Le second problème viendra plus tard, lorsque la rapidité du transfert des données pourra permettre aux gouvernements nationaux d'exercer un contrôle social encore plus important que celui qui est déjà en cours.

Les experts s'attendent à ce que la 5G ait une vitesse de téléchargement allant jusqu'à 20 gigabits par seconde, assez rapide pour télécharger un film de longue durée en haute définition en quelques secondes. Il y aura moins de latence et une plus grande connectivité, ce qui signifie moins de temps d'attente lors de l'envoi de données et plus de dispositifs capables de se connecter au réseau en même temps. Des améliorations dans ces domaines seront nécessaires – dit-on – pour rendre possible l'Internet des Objets : voitures à conduite autonome, capteurs, villes intelligentes, réalité virtuelle et même chirurgie à distance.

Le premier pays qui distribuera et commercialisera les réseaux mobiles ultra-rapides 5G aura un énorme avantage économique : on l'estime à plus de 500 milliards de PIB et à des millions d'emplois (3 pour les États-Unis, par exemple). Dans tout cela, bien sûr, la Chine ne manque pas de planification : son plan quinquennal avait prévu un lancement commercial de la 5G en 2020, et tous les grands fournisseurs de services sans fil (tels que Huawei et ZTE) ont mené auparavant de nombreuses études sur la 5G. La Chine sera peut-être le plus grand marché pour la 5G d'ici 2022. C'est quelque chose de très important, si l'on considère que la vitesse même de propagation de la 5G chinoise est au centre d'importantes intrigues géopolitiques : les taxes douanières de Trump ne sont rien d'autre qu'une tentative de ralentir la course. De même, la volonté américaine de mettre un bâton dans les roues de Huawei, la première entreprise d'infrastructure de réseau, n'est qu'un aspect d'une bataille plus large. Compte tenu des avantages de la technologie 5G, l'Europe essaie également de mettre en place dès maintenant la couverture de son territoire, non sans problème. Et sur le Vieux Continent, l'Italie – après la Suisse, qui en mars 2019 avait déjà activé l'expérimentation dans plus de 200 villes – semble être l'un des pays les mieux placés. En 2017, le MISE (le ministère italien du Développement économique) a établi des zones d'expérimentation à Milan, Prato, L'Aquila, Bari et Matera, en assignant Milan à Vodafone, Prato et L'Aquila à Wind Tre/Open Fiber et Bari et Matera à TIM/Fastweb/Huawei. Ces expériences ne devraient aboutir à une couverture significative qu'en 2022. Soit après la Chine, la Corée du Sud et probablement les États-Unis, mais avant de nombreux autres pays européens. Compte tenu de l'impulsion que la 5G pourrait donner aux économies nationales, ce serait un bon résultat pour l'Italie.

Finalement, avec la 5G, on pense que les emplois vont augmenter : mais quels types d'emplois ? Qu'en est-il des robots auxquels la 5G permettra d'accomplir des fonctions humaines encore plus rapidement ? Ne constitueront-ils pas un problème pour des millions de travailleurs ? L'avenir est aujourd'hui de plus en plus une transfiguration hyper-technologique de situations que nous avons déjà vécues et connues. Il suffit par exemple de penser à la révolution industrielle. Mais l'avenir que la 5G pourrait nous apporter, en plus des villes intelligentes, serait l'apparition de deux nouveaux acteurs sociaux : les travailleurs qui alimentent les machines et ceux qui risquent de ne plus travailler à cause des machines.

3.

La sinisation de l'industrie numérique mondiale

Chaque époque met des entraves invisibles à ceux qui l'ont vécue. Et je ne peux que danser dans mes chaînes.

Liu Cixin

En 2018, l'un des carrefours les plus célèbres de Zhongguangcun, la Silicon Valley de Pékin, a été inondé en raison des pluies incessantes sur la ville. Les rues de la zone sont devenues des rivières en crue ; des vidéos et des photos mises en ligne et publiées dans les médias chinois ont montré une partie de la ville complètement submergée par les eaux. À un certain moment, sur la Toile chinoise, une photo a commencé à circuler : elle semblait être en mesure d'immortaliser les conditions de vie des nombreux travailleurs de la zone. L'image représentait un jeune homme, probablement l'un des nombreux navetteurs travaillant dans les start-up du quartier, occupé à vérifier son smartphone, assis sur une poubelle. Il cherchait probablement des informations en ligne pour savoir comment sortir de cette impasse ; ou peut-être vérifiait-il ses messages sur WeChat ; ou peut-être demandait-il de l'aide à des amis. Mais pour la majorité des travailleurs chinois de la haute technologie, il était clair que ce garçon était l'un des nombreux employés des entreprises les plus avancées et les plus engagées dans l'effort d'innovation exigé par le gouvernement central. Pour ses congénères et collègues de travail, il était l'un de ceux auxquels s'applique la devise «*pas de sommeil, pas de sexe, pas de vie*». En fait, selon de nombreux témoignages recueillis par des médias chinois et internationaux, presque toutes les personnes impliquées dans les secteurs de pointe de l'industrie chinoise de haute technologie disent qu'elles ne font rien d'autre que travailler.

Cette devise s'inspire d'un autre épisode qui est devenu assez célèbre sur la Toile chinoise. Il s'agit d'une interview donnée par un jeune couple à un journal national. Les deux jeunes ont admis qu'ils ne pouvaient pas avoir d'enfant parce qu'en rentrant du travail, ils étaient trop fatigués pour faire l'amour. En couple ou seuls, les nouveaux travailleurs chinois ne connaissent plus les peines vécues par leurs grands-parents et parents dans les mines ou les usines où ils fabriquaient les produits qui ont fait la grandeur de la Chine d'aujourd'hui, mais ils sont soumis à un stress et à des rythmes de travail tout aussi éprouvants, même si c'est face à un écran plutôt que sous terre ou sur une chaîne de production. Leurs conditions de vie et de travail sont certes meilleures, tout comme leur salaire, mais l'effort qui leur est demandé est identique : ils doivent sacrifier leur existence pour la richesse de la nation chinoise. Mais par rapport à leurs parents, cette nouvelle génération de travailleurs chinois a les moyens de s'exprimer et de revendiquer ses droits, et plus encore. De plus, la puissance renouvelée de la Chine a fini par influencer également les États occidentaux : la rapidité avec laquelle Pékin progresse dans les domaines de la robotique et de l'intelligence artificielle a poussé le reste de la planète à adopter des rythmes de travail similaires à ceux de la Chine, amenant les travailleurs du monde entier qui produisent les outils technologiques accompagnant notre vie quotidienne à partager les mêmes peines et à se montrer solidaires.

Cette question est centrale pour notre avenir, car une fois de plus, on pourrait revivre ce qui s'est déjà passé : dans les années de « l'usine du monde », au lieu d'apporter les droits du travail à la Chine, les multinationales et les entreprises du monde entier ont décidé de profiter des bas salaires et du peu de droits des travailleurs chinois pour augmenter leurs profits. Elles ont ainsi pratiqué un *dumping* social mondial, qui a entraîné la fermeture de milliers d'usines dans le monde entier (y compris en Italie et en Europe, bien sûr) ; ce qui, à son tour, a eu un effet politique et social encore plus néfaste, en amenant la majorité des personnes qui ont subi la crise économique à voter pour des partis au profil souverainiste et nettement identitaire, quand ils ne sont pas explicitement racistes.

D'ailleurs, en 2018, Mike Moritz, un capital-risqueur de Sequoia Capital (la société qui a financé le fleuron de l'industrie technologique américaine comme Apple, Cisco, PayPal, YouTube), a écrit un éditorial dans le *Financial Times* intitulé « La Silicon Valley ferait bien de suivre l'exemple de la Chine », dans lequel il soutient que la Silicon Valley est obsédée par les discussions sur les inégalités. Une question qui ne semble pas beaucoup intéresser Moritz, puisque dans son discours il déclare explicitement qu'en pratique, alors qu'aux États-Unis on discute de questions inutiles, la Chine, « *où les employés travaillent 14 heures six ou sept jours par semaine* », doit être prise comme modèle dans la mesure où « *faire des affaires en Chine est plus facile que de faire des affaires en Californie* ». Une fois de plus, les « caractéristiques chinoises » séduisent le monde des entrepreneurs occidentaux, attirés par le soutien et la liberté que la Chine accorde aux employeurs.

L'axe mondial s'est désormais déplacé vers l'Est : comme la science-fiction, la production numérique a connu une première phase de vie dominée par les États-Unis et l'Occident – que l'on pense à la Toile elle-même, le World Wide Web, né dans le cadre de projets de recherche – alors qu'aujourd'hui c'est un terrain dans lequel la Chine innove et est devenue majoritaire. Allons plus loin, l'équilibre traditionnel du pouvoir économique est en train de changer. En 2050, en effet, selon la plupart des projections, quatre des cinq nations ayant les revenus les plus élevés seront asiatiques. Au premier rang, il y aura la Chine. Les États-Unis seront en troisième position. L'Europe, si on la considère comme un seul pays, ne serait que cinquième. Pourtant, si on parle de travail, le cadre semble rester le même. Le monde a changé, l'exploitation non.

La culture du loup

Peng Simeng est une jeune écrivaine de science-fiction et elle m'a parlé de certains aspects de sa vie antérieure en tant qu'employée de Tencent, la société qui, comme nous l'avons vu, a créé WeChat. En 2016, elle était l'une des nombreux chefs de produits de l'entreprise : chaque jour le travail était très pesant, et chaque soir elle devait faire des heures supplémentaires. Bien sûr, elle pouvait en même temps afficher un salaire décent, une bonne position sociale, du moins aux yeux des étrangers et, tout compte fait, de bonnes perspectives d'avenir. Mais après une longue période pendant laquelle elle a travaillé presque comme une machine, Peng Simeng a commencé à ressentir « *certaines émotions dans son cœur qui n'étaient pas claires au début, mais qui se sont progressivement développées* ». Sa vie se déroulait sur des modes de plus en plus élémentaires : manger, boire, faire du shopping et encore du shopping. Elle a alors décidé de sortir de cette vie. Elle a découvert l'existence d'un concours littéraire sur Internet et y a participé, en choisissant d'écrire de la science-fiction. Un nouveau monde s'est ouvert à elle, dans lequel elle a pu transfigurer sa vie passée grâce à la littérature. De nombreux auteurs de science-fiction, issus du monde scientifique, ont travaillé longtemps dans la nouvelle filière chinoise, ce nouveau modèle d'usine apparemment plus aseptisé et moins fatigant.

Selon les Chinois, les rythmes de travail qui s'imposent dans les nombreuses « Silicon Valley » disséminées dans le pays naissent et se forment au sein d'une culture du travail qui a des racines anciennes et qui est ancrée dans le désir de servir leur nation. En 2019, Netflix a produit un documentaire intitulé *American Factory*, un projet financé par les Obama. Dans le film, une usine historique de General Motors à Dayton, aux États-Unis, est rachetée par une société chinoise qui produit des vitres pour le secteur automobile. L'une des nombreuses clés de compréhension du documentaire est le choc culturel produit chez les protagonistes à propos de leur rythme de travail et de leur dévouement à l'entreprise. Selon les Chinois, dans la pratique, les Américains (désignés par le mot *laowai*, en mandarin, terme vaguement péjoratif par lequel on parle génériquement des étrangers en Chine) n'ont pas envie de travailler. Dans un dialogue surréaliste entre un travailleur chinois et un superviseur américain, le Chinois est impressionné lorsqu'il apprend que les Américains travaillent huit heures par jour et ont deux jours de libres par semaine. Lui, dit-il, en a un par mois, et comme il vit loin de sa ville natale, il ne voit son fils qu'au Nouvel An chinois, lorsqu'il a une semaine de congé d'affilée. Son fils a six ans, il l'a vu six fois.

Mais ce n'est pas tout, car lorsque le patron chinois se plaint à ses compatriotes qu'il n'a pas atteint ses objectifs, il rappelle que chaque Chinois ne travaille pas pour lui-même, mais pour le pays. Et dans ce cas, les Chinois s'efforcent de montrer aux Américains qu'ils peuvent faire confiance aux Chinois, que les Chinois sont capables de gérer des situations complexes, que les Chinois sont capables de faire travailler plus dur les travailleurs étrangers et, au fond, qu'en matière de travail, les Chinois sont les meilleurs. Il est important de connaître la culture du travail qui domine dans les grandes entreprises chinoises : tout d'abord parce que la Chine est maintenant partout, qu'elle possède des entreprises dans le monde entier, dont beaucoup en Occident, et que l'attitude des Chinois face aux questions de travail influence déjà la vie de nombreux Occidentaux qui travaillent pour un patron chinois ou parfois même directement pour l'État. Deuxièmement, parce que cette approche du travail n'est pas seulement requise dans les usines, mais aussi dans le travail apparemment immatériel. Même dans le domaine de la production numérique, cette attitude finira donc par favoriser la Chine à l'avenir, du point de vue de la productivité et de l'innovation.

Il existe une société chinoise qui représente très bien tout cela et qui s'appelle Huawei. Leader mondial dans le domaine des infrastructures télécom et deuxième fabricant mondial de smartphones – elle a devancé Apple en 2019 et est maintenant au coude à coude avec Samsung – Huawei est également l'une des principales entreprises de 5G du monde. En Italie, nous la connaissons bien car, en plus d'y avoir de nombreuses activités, elle a signé des contrats avec des entreprises pour l'installation de la 5G. Bien que privée, Huawei, ayant été fondée par un militaire, est soupçonnée d'être très proche du Parti communiste. Donald Trump a utilisé cette excuse pour déclencher une guerre contre l'entreprise avec l'intention, sinon de la détruire, du moins de ralentir son développement dans la 5G. Mais ici, Huawei nous intéresse pour une autre raison. C'est le fondateur de la société, Ren Zhengfei, qui a le premier rapproché le nom Huawei du concept d'« *esprit du loup* ». Nous sommes au début des années 1990 et, comparant les multinationales de l'époque aux éléphants, Ren Zhengfei dit que Huawei devrait plutôt développer « *l'esprit du loup* » : un grand flair, un instinct de compétition ainsi qu'un esprit de sacrifice et de coopération.

Près de vingt ans plus tard, en 2011, je me suis retrouvé pour la première fois dans une salle de réunion du méga-complexe de Huawei à Shenzhen, où, juste pour comprendre le poids national que la société avait déjà à l'époque, la sortie d'autoroute près du siège s'appelle Huawei. En 2011, en Europe, l'opinion sur Huawei, quand on en connaissait l'existence, était majoritairement négative. Ses smartphones semblaient et étaient de mauvaise qualité. Mais Huawei ne faisait qu'étudier à la fois les marchés, ses produits et sa propre filière de production, qui est aujourd'hui si ramifiée qu'il est compliqué, même pour Trump, de couper le nerf vital de sa force impudente.

Ce jour-là, en 2011, un responsable de Huawei a été très explicite en me faisant visiter les laboratoires de recherche du siège. Pour changer le marché et la relation de tout un chacun à la technologie, il faut des acteurs complètement nouveaux : «*Nous sommes ce sang neuf*», m'a dit le directeur, en faisant référence à la volonté de Huawei de devenir un acteur de premier plan dans cette nouvelle phase.

Entre autres, à cette époque, Fred Hochberg, alors président de l'agence gouvernementale américaine Export-Import Bank of the United States, avait accusé Huawei d'utiliser un crédit de 30 milliards de dollars fourni directement par la Banque chinoise pour le développement, avec un avantage non négligeable sur ses concurrents, réitérant une autre des accusations américaines contre les entreprises chinoises, celle d'être financées par des subventions d'État. La même année, Huawei a signé un accord avec Telecom Italia.

Huawei est une société *sui generis*, avec une discipline stricte et une organisation hiérarchique dans laquelle, cependant, l'actionnariat appartient à des milliers de salariés. Le fondateur, Ren Zhengfei, qui n'a réussi à entrer au PCC qu'en 1978 en raison de l'appartenance de son père au Kuomintang vaincu, ne détient que 1,42 % des actions. Au fil du temps, j'ai eu l'occasion de rencontrer plusieurs dirigeants de l'entreprise, dont ceux qui travaillent dans certains des nombreux bureaux hors de Chine. À certains d'entre eux, je n'ai pu m'empêcher de demander si l'histoire de la « culture du matelas » était vraie, selon laquelle dans les bureaux de Huawei il y avait aussi des matelas, en cas d'heures supplémentaires excessives. C'est un classique dans les bureaux chinois de faire une sieste après la pause du déjeuner, souvent pris devant l'écran, en picorant du riz, des légumes et de la viande dans une *lunch box* qui ne coûte pas plus de 10 yuans. Après le déjeuner, les Chinois posent leurs bras et leur tête sur la table et font une sieste d'une demi-heure. Selon les cadres de Huawei rencontrés à Shenzhen, le matelas sous le bureau facilite cette habitude en la rendant plus humaine et plus agréable. Une imitation locale du « management à la Google » (ce n'est pas un hasard si, au centre de recherche de Shanghai, on m'a montré un baby-foot et une sorte d'espace ouvert « récréatif »). Certains employés de Huawei ne sont pas de cet avis, mais ils dénoncent le fait que le matelas, du moins dans les premiers temps de l'entreprise chinoise, était surtout utilisé pour dormir au bureau même la nuit, pour faire face à des rythmes de travail de plus en plus intenses. Ce serait là le sens véritable de la « culture du matelas ».

En 2011, à Shenzhen, face à Huawei, il y avait Foxconn, une entreprise taïwanaise connue dans le monde entier pour assembler, entre autres, des produits Apple et frappée dans ces années-là par une série record de suicides. Alors que j'étais à Shenzhen, on avait annoncé que Foxconn avait l'intention de remplacer de nombreux employés par des robots : les employés de l'entreprise taïwanaise avaient donné le coup d'envoi aux luttes mondiales des travailleurs de la technologie. Il est bon de le souligner : les luttes des travailleurs de la haute technologie ont commencé en Chine. Pas en Europe ni aux États-Unis.

Nos smartphones et les suicides

Depuis un certain temps, les travailleurs de la haute technologie tels que les programmeurs, les ingénieurs, les « étiqueteurs » (les travailleurs qui mettent des tags sur les images, les vidéos et les audios) et les nombreux « Turcs mécaniques » (ceux qui effectuent des tâches répétitives pour former les algorithmes d'intelligence artificielle) ont commencé à relever la tête, déclenchant des actions collectives pour tenter de briser les chaînes atomisantes du travail immatériel. Ce nouveau mouvement ouvrier n'est pas né en Occident, berceau historique de la lutte pour les droits des travailleurs, mais a vu le jour à Foxconn dans les années 1990, en Chine, puis s'est étendu à l'échelle internationale. Outre Apple, Foxconn est également un fournisseur de Motorola, Hewlett-Packard et d'autres sociétés bien connues sur les marchés occidentaux. Au moment où le génie de la commercialisation et du design d'Apple a commencé à être célébré, les coûts humains et les retombées sociales sur la chaîne de production ont été ignorés. Nous savions que les produits Apple étaient « conçus » en Californie et « assemblés » en Chine, mais nous ne connaissions pas les conditions de travail de celles et ceux qui assemblent tous les composants pour nous permettre d'être toujours plus connectés.

Comme expliqué dans le livre *Nella fabbrica globale. Vite al lavoro e resistenze operaie nei laboratori della Foxconn* (Dans l'usine mondiale : vies au travail et résistances ouvrières dans les ateliers de Foxconn – non traduit en français), édité par Devi Sacchetto et Ferruccio Gambino, chaque jour, un ouvrier employé dans une des usines Foxconn effectue 18 000 à 20 000 mouvements. Il le fait sur un poste de travail limité et minuscule, isolé du reste de ses collègues, en permanence contrôlé et supervisé. Vous ne pouvez pas rire, vous ne pouvez pas parler. Les objectifs de production doivent être atteints. Si vous n'y arrivez pas, vous devez travailler plus longtemps. Et ce temps supplémentaire n'est pas considéré comme des heures supplémentaires ; il n'est pas payé. Ensuite, vous allez au dortoir, où vous ne travaillez pas, mais où vous ne vivez certainement pas en liberté. Les machines, les automates, les petits composants des processus tayloristes et fordistes se traduisent en mandarin par : réduction du coût du travail. Et augmentation du profit. Derrière les automates, il y a bien sûr une véritable humanité, faite de chair, bien qu'écrasée par l'esclavage économique et moral, cantonnée dans des dortoirs où le travail ne recule pas, mais s'infiltre et asphyxie – par la discipline – chaque instant de la vie. Tant sur la chaîne de production que dans le dortoir, on est soumis à un ordre, à des règles et à un destin bizarres : on s'aliène pour produire un bien qu'ensuite on convoitera (par exemple les smartphones).

Foxconn est le « rêve à l'envers » de la Silicon Valley. En Californie, les espaces communs sont des lieux où le partage est encouragé afin de créer de nouveaux produits. Les espaces partagés par les travailleurs de Foxconn sont très différents : de nombreux travailleurs sont logés dans de petites pièces, parfois à huit dans une trentaine de mètres carrés, et ont presque toujours des sanitaires à l'extérieur. Le dortoir, qui n'est pas un lieu de repos mais le prolongement de l'établi et de la chaîne de montage constitue un élément important du « monde Foxconn ». À l'intérieur, un régime strict est en vigueur : les travailleurs et les travailleuses ne peuvent pas laver eux-mêmes leurs vêtements ni même utiliser un sèche-cheveux ; à 23 heures au plus tard, ils doivent être rentrés au dortoir car en cas de transgression, la punition les attend. Ce sont les relations sociales qui sont cassées.

C'est ainsi que s'est développé le processus de croissance chinois, dans sa phase « usine mondiale » : en combinant rapidité d'exécution, soumission et atomisation. Vu les conditions dans lesquelles vivent les travailleurs, il y a évidemment beaucoup de turnover dans les usines Foxconn : ce n'est pas un problème de remplacer quelqu'un dans un pays d'un milliard 400 millions d'habitants. Foxconn fait travailler ses usines 24 heures sur 24, en deux équipes : de 8 heures à 20 heures et de 20 heures à 8 heures, 73 % des employés travaillant plus de dix heures. La perception des travailleurs, comme le révèlent leurs témoignages, est d'être comme une sorte de grain de poussière, à la merci du turnover : si quelqu'un refuse les rythmes de travail, il y aura toujours quelqu'un d'autre qui sera prêt à les accepter. Accepter les rythmes, c'est aussi accepter l'environnement dans lequel on travaille. Dans un livret de Terry Gou, le chef de l'entreprise, donnant des règles de comportement qui ressemblent à des citations militaires crypto-fascistes, on peut lire que « *les subordonnés doivent absolument obéir à leurs supérieurs* ». Ces indications sont toujours en vigueur aujourd'hui, selon les témoignages des travailleurs des usines Foxconn. Entre janvier et décembre 2010, 18 tentatives de suicide ont eu lieu chez Foxconn, avec 14 morts et 4 blessés. Cette « *série de sauts* », comme l'ont surnommée les médias, a fini par attirer l'attention du monde entier sur l'entreprise taïwanaise.

11869
11811
11840
11862
11876
11858
11845
11865
11750

Portfolio de Gilles Sabrié

Page précédente : capture d'écran d'un logiciel de reconnaissance faciale, dans le showroom de Megvii à Pékin. Le président chinois Xi Jinping a fortement renforcé la surveillance d'État en Chine, créant le plus grand marché des technologies de sécurité et de surveillance du monde. Les analystes estiment à 300 millions le nombre de caméras installées en 2020.

Dans l'attente du début d'un spectacle à Pékin. Rares sont les lois qui protègent la vie privée en Chine. Les communications sont constamment surveillées à la recherche de mots clés sensibles et des conversations électroniques sont régulièrement utilisées pour accuser les dissidents. Pourtant, le public ne semble pas encore mobilisé sur cette question. L'arrivée de la 5G, en augmenant considérablement la quantité de données circulant, et donc la surveillance de masse, changera peut-être cette indifférence.

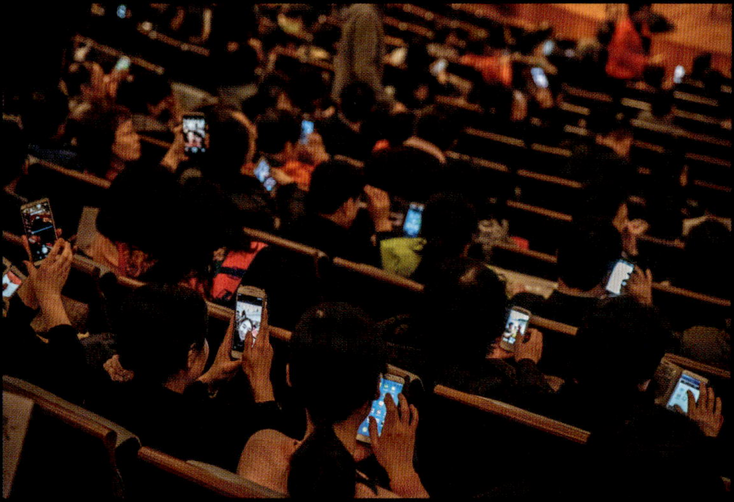

Sur un stand de vente de fruits, le vendeur présente à sa cliente un QR code à scanner pour régler son achat via WeChat.

Système de reconnaissance faciale à l'entrée du métro de Zhengzhou, en décembre 2019.

◂ Un commercial et son client devant la maquette d'un projet de grand ensemble résidentiel. Après des années de croissance à deux chiffres, le marché immobilier montre des signes de stabilisation, avec un grand nombre de logements vacants et des prix à la baisse. Certains craignent d'ailleurs un effet de cette baisse sur l'ensemble de l'économie. Les promoteurs montrent des signes de nervosité et s'efforcent désormais de séduire les acheteurs. L'offre de services numériques par les smart cities, pour les privilégiés, prend dans ce contexte une importance particulière.

▴ Un grand ensemble résidentiel en construction à Caofeidian, ville nouvelle construite sur des terrains gagnés sur la mer. La plupart de ces bâtiments hébergeront les travailleurs de Shougang, la fonderie qui a quitté Pékin pour Caofeidian où elle est devenue l'unique grand pourvoyeur d'emplois.

Un ensemble constitué de bureaux et d'un centre commercial en plein centre de Pékin, déserté lors de la crise de la Covid-19 en février 2020.

Un développeur travaillant à un logiciel de reconnaissance faciale au siège de Megvii à Pékin. Les autorités chinoises emploient un vaste système secret de surveillance et de contrôle de la minorité ouïgoure de confession musulmane. L'algorithme qui leur est destiné se base sur leur apparence physique et enregistre tous leurs déplacements pour vérification ultérieure. Cette pratique fait de la Chine une pionnière dans l'utilisation d'une nouvelle génération de technologies de surveillance, au risque d'inaugurer l'ère du racisme automatisé.

Capture d'écran d'un système de vidéosurveillance à reconnaissance faciale développé par Megvii. Ce logiciel permet de confronter les images des caméras à une base de données d'individus recherchés en quelques secondes. Le fonctionnement du système à l'échelle d'une base de données de millions d'individus reste à démontrer, mais la police chinoise aime régulièrement se vanter d'avoir arrêté un criminel au moyen du trio vidéosurveillance, reconnaissance faciale et intelligence artificielle. ►

Réceptionistes à l'hôtel, scannant leurs clients avec une machine à reconnaissance faciale au moment de l'enregistrement. La plupart des hôtels en Chine sont désormais équipés de ce dispositif qui permet de connaître les adresses, même temporaires, de chaque personne et de vérifier que son nom ne figure pas sur la «liste noire».

À Xiangyang, un passage piéton équipé de caméras connectées à un système de reconnaissance faciale. Un grand écran affiche des photos des piétons indisciplinés à côté de leur nom et numéro d'identification. L'idée est de provoquer l'embarras chez les contrevenants pour les contraindre à modifier leur comportement.

Au centre civique de Rongcheng, une borne permettant d'obtenir son score de crédit social présente un film d'animation pédagogique qui explique le fonctionnement du système. Les personnes sur liste noire (pour non paiement de dettes) se voient interdire l'accès aux avions, aux trains à grande vitesse ou aux hôtels de standing.

L'écran d'une application mobile du Système de crédit social utilisé à Hangzhou. L'utilisatrice de l'app a un score de 688 points sur 1000. L'application est reliée à la carte de citoyen de Hangzhou, utilisée pour le transport, le paiement des factures et des amendes. En 2019, ce système encore basé sur le volontariat ne connaissait pas un grand succès.

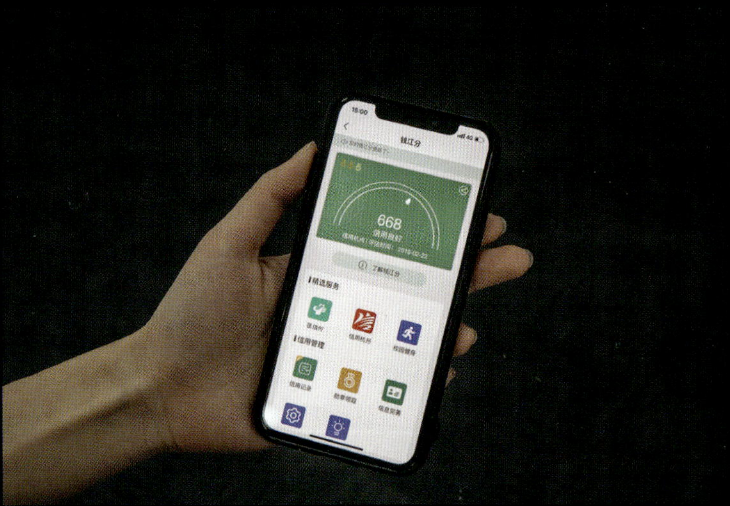

12:45:26
法院失信
被执行人 XXX
不能考公务员
C
我受到行政拘留 信用等级降为C级
12:45:29
D
不能坐飞机 不能参加政府采购工程招投标
政府贴息贷款
公益性岗位
银行贷款
取消申报项目资格

POLICE

Des bénévoles du comité de voisinage (*baojia*) montent la garde dans une rue du vieux Pékin. Le gouvernement chinois utilise des réseaux de civils pour veiller au maintien de l'ordre, mais également pour contribuer à l'aide sociale. Ces bénévoles de la sécurité publique, yeux et oreilles de la police locale, sont principalement des retraités dont la responsabilité est de patrouiller dans un quartier et de rapporter tout ce qui leur semble suspect. Le district de Chaoyang à Pékin compterait 190 000 de ces informateurs, soit un pour 18 habitants. Alors que ces comités semblaient être tombés en désuétude, la crise sanitaire leur a fait jouer un rôle clé dans l'application du confinement par un contrôle de proximité des quartiers dont ils ont la charge.

◄ Un robot de la police équipé de caméras de surveillance patrouille dans une rue commerçante de Pékin. Ce robot, connecté au système de surveillance municipal, peut reconnaître les passants dans un rayon de 800 mètres. La police chinoise investit massivement dans différentes technologies de surveillance.

Deux agents recruteurs de Foxconn placés à la sortie d'une usine. En 2013, ces agents recrutaient en moyenne 10 candidats par jour. Pour se procurer la force de travail nécessaire, Foxconn a besoin des autorités locales qui à leur tour sous-traitent à des agences de recrutement. ►

De nouvelles recrues de Foxconn attendent leur agent recruteur. Le turnover est si élevé dans cette compagnie que le recrutement est permanent. Il peut arriver que des fonctionnaires locaux soient réquisitionnés pour Foxconn quand la main-d'œuvre fait défaut. ▲

Pour leur pause déjeuner, des centaines d'ouvriers quittent l'usine afin de se procurer leur repas sur de petits stands. Foxconn fournit des repas aux travailleurs, mais ils sont nombreux à préférer manger dehors du fait de la médiocrité des repas fournis par l'employeur.

富士康内部推荐
报名处

Les dortoirs de Foxconn dans une rue en construction (2013). En deux ans, les villages ruraux de la périphérie de Zhengzhou sont devenus une cité industrielle affairée, dédiée à Foxconn, et hébergeant 200 000 travailleurs.

À 18 heures, heure du changement d'équipe, les ouvriers de jour quittent l'usine. Parmi eux, nombreux reviendront faire des heures supplémentaires. Les syndicats ont accusé Foxconn d'enfreindre la réglementation du travail en exigeant des journées et des semaines trop longues, sans repos, conduisant à l'épuisement des travailleurs et à la hausse des accidents. Cependant, nombre de travailleurs veulent faire des heures supplémentaires. Ils affirment que le salaire de base est insuffisant et que seul un complément peut rendre viable le fait de travailler pour ce sous-traitant d'Apple.

Page suivante : « Mi-endormis, mi-éveillés, perdus dans nos réflexions ou ailleurs, inconscients de nos pairs voyageurs, nous voguons. La rame nous transporte vers un autre monde. C'est le métro de Pékin, mais il pourrait passer sous n'importe quelle ville au monde. Ces images ont été prises avant que nous ne soyons englués dans nos smatphones ».

Une discothèque sur rollers. Danser sur des skates est l'une des distractions favorites des tous jeunes travailleurs de Foxconn… quand ils ont du temps libre.

Au moment même où les conditions de vie des personnes qui assemblent nos smartphones étaient dénoncées, le 3 janvier 2012, les travailleurs de Foxconn se sont soulevés dans une protestation déterminée : certains d'entre eux ont menacé de sauter du bâtiment de l'usine si les dirigeants ne réglaient pas les questions salariales. Avant cette provocation médiatisée, de nombreuses autres grèves et revendications avaient marqué les usines Foxconn. Il s'agissait de protestations organisées par le bouche-à-oreille, par le biais des smartphones et des applications : l'objet produit et convoité par des milliers de travailleurs était devenu un outil capable de permettre l'organisation de la résistance.

À sa façon, Foxconn a joué un rôle de pionnier, et pas seulement parce qu'il s'agissait de la première usine de haute technologie en Chine (et dans le monde) qui ait connu une protestation massive des travailleurs. Elle a également amorcé la sinisation du monde du travail, au moins dans les pays où elle s'est implantée et dont on sait très peu de choses, comme la Turquie, la Russie, la Hongrie ou la République tchèque, pays dans lesquels se construit une importante industrie électronique. Foxconn a pu se développer et produire pour le marché occidental d'abord en utilisant l'étiquette prestigieuse « Made in USA », ensuite en exportant son modèle d'organisation du travail et en finissant par imposer des salaires moyens inférieurs. En outre, comme en Chine, la production est basée sur la rapidité d'exécution. Les chefs de service et les responsables hiérarchiques font pression sur les travailleurs pour maintenir le rythme de production à un niveau élevé. Les journées de travail de 12 heures, les conditions de travail et les pressions entraînent un nombre élevé d'accidents et de blessures. En République tchèque, il existe même des dortoirs pour les travailleurs intérimaires, qui représentent 60 % de la main-d'œuvre.

Cela semble déjà être d'un autre temps. Aujourd'hui presque plus personne ne parle de ces rythmes et conditions de travail, qui n'ont pourtant jamais disparu, malgré les protestations et l'exposition médiatique qu'a connues la société taïwanaise. Selon le rapport d'août 2019 de China Labor Watch (une organisation non gouvernementale fondée par un syndicaliste chinois en exil à Hong Kong après les événements de 1989), Foxconn aurait employé plus de la moitié de la main-d'œuvre de la plus grande usine d'iPhone de Zhengzhou, en Chine, sous des contrats temporaires, principalement des étudiants (une accusation qui a été répétée au fil des ans contre le géant taïwanais fondé par Terry Gou). Pourtant, Foxconn et ses protestations ouvrières ont fini par disparaître du radar des médias occidentaux pour deux raisons principales : parce que le développement de l'intelligence artificielle, des applications et des plateformes a donné lieu à de nouvelles formes d'exploitation, suivies de nouvelles formes de mobilisation. Et parce que dans de nombreux cas, les robots remplacent progressivement le travail humain dans les chaînes de production, apportant de nouvelles questions qui sont fondamentales pour l'avenir de nombreux travailleurs. Comme nous le verrons dans le dernier chapitre, ce phénomène n'est pas complètement épuisé. Au contraire, la nouvelle frontière du capitalisme semble être une forme d'extractivisme que nous n'avions jamais envisagée auparavant, dans laquelle c'est l'être humain qui devient une ressource sur laquelle on peut prélever sans cesse plus de valeur.

996

Début 2019, le monde de la haute technologie a redécouvert les travailleurs chinois : un groupe de programmeurs de l'ancien Empire du Milieu a commencé à protester contre le rythme de travail dans les entreprises technologiques chinoises, en utilisant GitHub, une plateforme de partage de code, aujourd'hui rachetée par Microsoft. L'action a commencé contre le « modèle 996 », où 996 signifie : de 9 heures à 21 heures, six jours par semaine. Il s'agit de la semaine type de travail de nombreux employés du secteur chinois de la haute technologie. Cette forme virtuelle de manifestation de dissidence a également gagné en solidarité en Occident : « *Nous, travailleurs de Microsoft et de GitHub, soutenons le mouvement 996.ICU* [NdT : ICU signifiant Intensive Care Unit, les urgences où finissent ceux qui travaillent à ce rythme] *et sommes solidaires des travailleurs du secteur technologique en Chine. Nous savons que ce problème dépasse les frontières nationales* », ont écrit les programmeurs de Microsoft, rappelant que « *ces mêmes problèmes imprègnent tout le secteur* », même en Occident. C'est un point important, qui rappelle l'existence d'une nouvelle catégorie de travailleurs qui dépasse les frontières nationales. L'épisode de la « solidarité » ne fait que confirmer une tendance qui dure depuis longtemps ; ce qui importe dans la lettre des employés de Microsoft, c'est la volonté d'unir leurs luttes : le champ de la confrontation est mondial.

La lutte des travailleurs chinois contre le 996 semble vraiment être une bataille contre toutes les entreprises de haute technologie chinoises, dont tous les dirigeants ont toujours défendu ces rythmes de travail imposés dans leurs ateliers et bureaux. Jack Ma, le fondateur d'Alibaba, une des entreprises de la « liste noire » présentée sur GitHub par les travailleurs, a qualifié le programme 996 de «*grande bénédiction*» et a déclaré que les travailleurs devraient le considérer comme un honneur plutôt que comme un fardeau. «*Si vous venez travailler à Alibaba, vous devez vous préparer à travailler 12 heures par jour. Pour quelle autre raison êtes-vous venu à Alibaba ? Nous n'avons pas besoin de celles et ceux qui se contentent de travailler confortablement pendant huit heures*» a écrit Jack Ma, jeune retraité d'un peu plus de cinquante ans des postes de direction de ses entreprises pour «*se consacrer à des œuvres de bienfaisance*». Richard Liu, le fondateur de JD.com, l'une des plus grandes sociétés de commerce électronique au monde, a également défendu le système 996. Liu rappelle que, lors de ses premiers jours de travail dans l'entreprise, il se réveillait «*toutes les deux heures pour offrir à nos clients un service 24 heures sur 24*». Et selon Liu, les protestations sont délétères, car dans sa société il y a trop de «*fainéants*» : si ça continue comme ça, a-t-il écrit sur son compte WeChat, «*JD n'aura plus d'avenir et l'entreprise sera impitoyablement expulsée du marché ! Les fainéants ne sont pas mes frères*».

Comme la presse locale l'a noté, avec une attention inhabituelle aux droits des plus faibles, la vérité est qu'avec le ralentissement économique et l'émergence de bulles financières dans le secteur technologique, de plus en plus de salariés commencent à reconsidérer la situation, perçue depuis longtemps comme acquise, de travailler si longtemps. Il fut un temps où les employés étaient prêts à accepter de longues heures de travail parce que les affaires marchaient bien et qu'ils étaient bien récompensés, ce qui n'est plus le cas aujourd'hui. On licencie et les salaires stagnent, de sorte que le personnel est moins disposé à travailler dur. Sans parler du fait que les heures supplémentaires ne sont souvent pas rémunérées. Selon le récit d'un ancien ingénieur de Baidu, les start-up chinoises exigent généralement de leurs employés qu'ils travaillent de 9 heures à 21 heures six jours par semaine au cours de leur première année. Le système 996 peut également être utilisé par des entreprises ou certains services pendant de courtes périodes lorsque la charge de travail augmente considérablement, par exemple pour le lancement ou la mise à jour de nouveaux produits. Que ce soit mis en lumière ou pas, c'est une tendance qui, pour ceux qui connaissent un peu le monde du travail en Chine, n'est guère surprenante. À côté des entreprises célèbres d'où filtrent des indiscrétions, il y en a des milliers d'autres, inconnues, utilisant probablement la norme 996 pour tous les employés ou collaborateurs.

Comme nous l'avons vu, la protestation contre le modèle 996 a émergé ; elle est devenue mondiale et a réussi à recueillir la solidarité d'autres secteurs en Occident. Ceux qui restent en dehors, cependant, sont les travailleurs engagés dans des activités qui, il y a peu de temps encore, n'existaient pas. Ce sont de nouveaux prolétaires de l'immatériel, les véritables moteurs de ce monde fantastique fait d'Internet des Objets et d'intelligence artificielle. Ce sont ceux qui nourrissent les machines, que nous allons découvrir dans les pages suivantes.

Étiqueteurs de tous les pays, unissez-vous !

Le plan féerique de la Chine visant à accroître les investissements et les résultats dans le secteur de l'intelligence artificielle repose, en fait, sur un travail « à la chaîne » plutôt traditionnel. Pour que les algorithmes et les machines puissent « raisonner » et traiter les informations, il faut que ces informations arrivent rapidement, qu'elles soient nombreuses, et qu'elles soient cataloguées de la manière la plus détaillée et la plus précise possible. Tous les sons, images et vidéos doivent être « tagués », c'est-à-dire associés à des mots-clés, des caractéristiques et d'autres types de données. Les tags sont, en d'autres termes, des métadonnées insérées par l'homme qui permettent de traiter, de manière de plus en plus rapide, d'autres données. Ce travail constitue le monde des « étiqueteurs ». En Chine, on a déjà trouvé un nom *ad hoc* pour eux, qui ne présage rien de bon : « les nouveaux travailleurs de Foxconn ». Ce sont des jeunes et des moins jeunes qui ont trouvé du travail dans les soutes des entreprises de l'intelligence artificielle, fleurons de la « nouvelle ère » chinoise.

Le Henan et le Guizhou sont deux régions qui ont décidé de tout axer sur le développement des nouvelles technologies, et qui ont récemment été évoquées par de nombreux journalistes chinois intéressés par l'étude de ce phénomène. Tous les lieux visités par les reporters locaux se ressemblent : de petits bureaux, dans certains cas des sous-sols, avec peu de monde à l'intérieur car peu de gens acceptent la tâche ingrate de nourrir une intelligence artificielle. Des travailleurs qui, au cours d'une journée, regardent des milliers d'images pour les étiqueter : ils regardent une photo sur un écran et la taguent, ils regardent une vidéo et la taguent, ils écoutent un enregistrement et le taguent. Tout ce qui apparaît est concerné : le visage d'une personne, une rue, une longue file de voitures, des paysages, des lieux, des animaux... Tout passe par les étiquettes des tagueurs. C'est uniquement grâce à eux que le monde de l'Internet des Objets pourra devenir réalité dans un avenir proche. C'est ainsi que les voitures sans conducteur pourront circuler, que l'on pourra contrôler à distance tous les appareils électroménagers ou que l'on pourra utiliser son visage pour payer, réserver ou acheter. C'est à ce prix que les caméras intelligentes pourront faire leur travail. Il s'agit d'un «*processus d'apprentissage cognitif, qui exige que des êtres humains étiquettent ce qui va nourrir la machine*», a déclaré un diplômé de l'université de Shanghai à *Jiqizhixin*, un site chinois spécialisé dans l'intelligence artificielle, «*aussi extravagant que cela puisse paraître, quelle que soit l'ambition du projet, celui-ci ne peut exister sans de grandes quantités de données supervisées et traitées*».

Et comme toujours dans un système capitaliste, il y a ceux – personnes, entreprises et États – qui vont bénéficier de services toujours meilleurs, rendus par d'autres personnes exploitées, et pas qu'un peu, pour les améliorer. En Chine, un *data-tagger* peut traiter jusqu'à 40 photos par jour, en gagnant 10 yuans, soit environ un euro, de l'heure, pour un salaire mensuel total de 300 euros. Tout comme hier les usines de fabrication des iPhone de Foxconn symbolisaient le rôle de la Chine dans le bas de la chaîne de valeur de la production mondiale, la révolution de l'intelligence artificielle a créé une nouvelle vague d'emplois bas de gamme et à forte intensité de main-d'œuvre. Il s'avère que derrière l'industrie la plus avancée du pays se cachent les nouveaux cols bleus du monde de la haute technologie, payés avec des salaires de misère.

Le centre du *data-tagging*, comme la plupart des activités de Big Data en Chine, est le Guizhou, l'une des régions les plus pauvres du pays, qui est devenue depuis un bon moment déjà un centre technologique mondial. Les salaires sont bas non seulement pour les nouveaux cols bleus, mais aussi pour les analystes, les universitaires et les chercheurs. Le monde des *data-taggers* est également constitué de centaines d'étudiants des écoles professionnelles qui s'entassent sur les bancs des nouvelles usines après les cours et sont assis devant des rangées d'écrans d'ordinateurs pour étiqueter les photos et analyser le langage humain. Mais même cette activité, capable d'attirer de nombreux jeunes diplômés puisqu'elle ne nécessite aucune spécialisation, se déplace déjà vers d'autres régions du pays telles que le Shandong, le Henan, le Hebei et le Shanxi, où le coût de la main-d'œuvre est encore plus bas.

Pourtant, les activités qui se déroulent dans cette périphérie du monde technologique chinois sont cruciales pour que l'intelligence artificielle tienne ses promesses. L'importance de ces travailleurs est reconnue par les entreprises elles-mêmes : Basic Finder fait partie des sociétés réalisant le taggage qui prospèrent sur le marché des Big Data. Elle a des clients qui vont des universités américaines comme Berkeley, aux projets de véhicules sans pilote de la Silicon Valley, en passant par les leaders chinois de l'intelligence artificielle que sont SenseTime et iFlytek. « *Les commandes à l'étranger représentent environ 30 % du total des affaires* », selon Du Lin, co-fondateur et P.-D.G. de la start-up basée à Pékin.

La Chine a lancé en 2017 son Plan de développement de l'intelligence artificielle de nouvelle génération (*A Next Generation Artificial Intelligence Development Plan*). Le plan comporte trois phases qui doivent être achevées en 2030. L'objectif est ambitieux : que d'ici 2030, les théories, technologies et applications de l'intelligence artificielle chinoise soient utilisées dans le monde entier, faisant de la Chine le premier centre mondial d'innovation dans ce domaine. Nous sommes dans la phase qui s'achève actuellement. Le plan a été publié par le gouvernement chinois et envisage « *la promotion du développement d'une nouvelle génération d'industrie de l'intelligence artificielle* ».

Le projet du Parti communiste prévoit de se concentrer sur quelques aspects en particulier : les véhicules connectés intelligents ou encore les voitures à conduite autonome (voitures sans conducteur), un des objectifs les plus disputés tant par les États-Unis que par la Chine (et sur lequel la course à la 5G aura une forte influence). Ensuite, il y a tout le secteur de la robotique, celui des drones, de la reconnaissance faciale, des assistants vocaux personnels. Presque tous les experts et analystes s'accordent à souligner l'incroyable force de la Chine, découlant d'une donnée objective : la quantité et la rapidité de traitement des données.

Le *Financial Times* de mai 2018, dans un article intitulé « China and US compete to dominate Big Data » (La Chine et les États-Unis s'affrontent pour dominer le Big Data), a résumé l'avantage concurrentiel de la Chine à partir du cas de Malong Technologies, une entreprise basée à Shenzhen qui « *a entraîné ses algorithmes de reconnaissance d'images à partir de masses de données chinoises, en analysant des centaines de milliers de photos de défilés de mode pour identifier les tendances dans le secteur de l'habillement, et qui expérimente maintenant cette technologie avec des entreprises de commerce électronique aux États-Unis*». Le marché chinois est immense et sa segmentation devient fondamentale pour les entreprises de mode désireuses de s'implanter sur un marché aussi vaste et rentable, mais peu connu (et cela a également été démontré par des incidents de parcours comme celui de Dolce & Gabbana, dont la vidéo publicitaire lancée en Chine en 2018 a irrité le public, créant un incident diplomatique, un boycott de cette marque, et obligeant finalement ses deux créateurs à une séance d'excuses mémorable, dont la vidéo a fait le tour du monde). « *Une différence essentielle*, a déclaré au journal financier Matt Scott, responsable de la technologie de Malong Technologies, ancien chercheur de Microsoft installé en Chine pour co-fonder cette entreprise, *est qu'il y a plus de personnes, plus de données, plus d'entreprises : en ayant accès à ces données en Chine, nous pouvons exporter notre technologie dans le monde entier*».

Il y a beaucoup de données et une disposition à les céder : «*c'est* – poursuit l'article – *un pays où les gens commandent, achètent, paient et jouent en ligne, laissant d'énormes traces de données*» qui permettent ensuite aux opérateurs de cibler avec précision les publicités et les promotions.

Les Turcs mécaniques et l'industrie numérique

En 1769, Wolfgang von Kempelen, baron et ingénieur, pour satisfaire les désirs de Marie-Thérèse d'Autriche et de sa cour, fabriqua le « Turc mécanique », également appelé le « Joueur d'échecs automatique ». Il s'agissait d'un objet présenté comme une machine, capable de raisonner et de choisir les meilleurs coups lors d'une partie d'échecs. Le « Turc » ressemblait à un homme originaire du Moyen-Orient, enturbanné, et était accompagné d'une sorte de « tourelle » comme un ordinateur personnel, pleine de câbles et de fils. Cet objet était présenté comme étant mû et animé par une forme d'intelligence artificielle, capable de battre pratiquement n'importe qui aux échecs. Parmi les perdants célèbres, il y eut même Napoléon.

À la mort du baron, la structure fut achetée par l'Autrichien Johann Nepomuk Maelzel, qui continua à faire tourner le Turc mécanique et à étonner les milieux aristocratiques de l'époque. Non pas que des doutes et des rumeurs ne se soient pas insinués sur le véritable pouvoir « artificiel » du Turc mécanique, mais pour le meilleur ou pour le pire, l'illusion a fonctionné jusqu'en 1826, lorsqu'un certain Edgar Allan Poe s'est intéressé à l'affaire. Il se passionna tellement qu'il publia – au bout de ses enquêtes et analyses – un long article dans lequel il révéla la supercherie cachée au cœur du soi-disant « Turc mécanique ». Par un raisonnement déductif, que Poe utilisa plus tard dans certains de ses romans les plus connus, le célèbre écrivain démontra qu'à l'intérieur de la structure, il y avait en réalité un homme en chair et en os.

Le « Turc mécanique » a longtemps été une attraction, captant l'attention en se présentant comme une mystérieuse forme d'intelligence dérivée d'une machine quand, en réalité, il s'agissait d'un canular. Cet épisode a connu une version post-moderne, née sous la houlette d'Amazon, excusez du peu. Jeff Bezos a créé en 2005 l'Amazon Mechanical Turk, un service de micro-travaux numériques. C'est un nom qui comporte toute une série de références croisées : il fait référence au Turc mécanique et donc à son caractère de supercherie, comme pour admettre que même ce que nous appelons aujourd'hui l'intelligence artificielle n'est pas vraiment artificiel, comme nous l'avons vu dans le cas des « étiqueteurs ». Selon les témoignages de nombreux travailleurs, il s'agit plutôt d'un ensemble d'activités visant à faciliter ou à apprendre aux machines comment s'auto-améliorer chaque jour. Une autre forme d'intelligence artificielle qui n'est qu'en apparence indépendante du travail d'humains en chair et en os. Ceux-ci ne sont plus enfermés dans une sorte d'armure, mais dans des cabines, dans les pièces de leur maison ou – pour les plus chanceux – dans des espaces modernes de *coworking*.

Bien sûr, ce sont des emplois aliénants et mal payés. Les Turcs mécaniques d'Amazon sont chargés de reconnaître les images, de transcrire des enregistrements, d'améliorer la prononciation et la diction des machines. Aujourd'hui, dans le monde, au moins 500 000 travailleurs sont employés dans ce type de services. Mais ce n'est pas tout. Comme en témoigne l'Italienne Clara Mogno, employée comme Turque mécanique au service d'Amazon, ces nouveaux travailleurs cognitifs répondent également à « *des enquêtes à l'infini sur la consommation de boissons énergétiques, des questionnaires sur la façon dont vous passez votre temps libre, si vous préférez tel camping en Australie ou si vous pensez qu'il vaut mieux aller au Bed & Breakfast de la ville voisine, si vous pensez qu'un certain produit est suffisamment médiatisé. Les données sont la nouvelle grande richesse, le vrai produit, la valeur à extraire, le nouvel or à conquérir. Les équipes de recherche scientifique constituent un autre chapitre de cette histoire. Pour obtenir rapidement des données, ils s'appuient sur Amazon et contribuent ainsi à un nouveau type d'exploitation.* »

Les Turcs mécaniques sont pour la plupart des Indiens et des Américains et – attention – la « paie » n'est pas en argent pour tout le monde : certains sont payés en bons d'achat, à utiliser sur Amazon évidemment. Il est probable que de nombreux émigrants chinois aux États-Unis ont également fait partie de ce système, mais pas tous. Apparemment, les Chinois employés dans la Silicon Valley reviennent en Chine pour exploiter au mieux le potentiel du monde numérique voulu par Pékin. Si WeChat est en fait un catalyseur de travailleurs numériques désormais reconnu dans le monde entier, SenseTime est le fleuron de la récente poussée chinoise vers l'intelligence artificielle. Et SenseTime est l'une des raisons pour lesquelles tant d'émigrants chinois spécialisés dans l'intelligence artificielle sont rentrés chez eux. L'application est en fait considérée comme la plus futuriste en matière de reconnaissance faciale. Mais elle doit tenir compte du contrôle strict que la police chinoise veut exercer sur ces données.

Contrôle d'État et censure dans l'industrie la plus innovante du monde

Pour comprendre la condition des travailleurs du numérique chinois, il faut considérer le contexte du système économique chinois : les ouvertures de l'ère post-maoïste (fin des années 1970) ont fini par créer des mécanismes néolibéraux, mais « contrôlés » par l'État. Les entreprises qui produisent des applications doivent en effet s'équiper pour que les contenus qui « passent » par leur plateforme reflètent la volonté du gouvernement en matière de censure des sujets interdits. La classe des travailleurs du numérique se trouve donc écrasée par la dynamique ultra-libérale du marché, encore alourdie par la volonté de l'État de guider ce processus. Cela signifie des rythmes de travail très élevés et des salaires de misère. À nos yeux, c'est une contradiction, mais ce n'est pas le cas aux yeux des Chinois, désormais habitués au « socialisme de marché » ; un aspect important à garder à l'esprit également pour l'Occident, qui est de plus en plus engagé dans des relations avec les entreprises chinoises mues par des instincts de prédation sur le marché, mais ayant un lien très fort avec le pouvoir central et le Parti communiste chinois.

À Tianjin, au sud-est de Pékin, se trouve ce qu'on appelle le « quartier de la censure », où opèrent des travailleurs qui deviennent des « flics informatiques » : ils contrôlent la Toile pour le compte de sociétés privées – mais sur instruction de l'État – en essayant de la nettoyer des éléments « négatifs ». Par rapport au premier filtre du « Grand Firewall » (qui bloque les sites internet indésirables), ils parviennent à travailler de manière plus affinée. Toutiao, l'une de ces entreprises, compte plus de 20 000 employés. Elle forme également les intelligences artificielles pour qu'elles apprennent à scanner la Toile et à bloquer des contenus. Avant tout cela, il y avait l'Armée des 50 centimes, une véritable « armée » de free-lance qui, payés par le gouvernement (quelques centimes de yuan), étaient chargés de contrôler l'opinion publique en ligne. Il s'agit plus de manipulation que de censure : l'Armée des 50 centimes – que Chen Qiufan, écrivain de science-fiction, a récemment qualifiée de « *xénophobe* » – orientait les discussions en ligne en faveur du gouvernement. Elle ne supprimait pas les messages opposés, mais elle commentait, précisait, intervenait dans chaque forum ou espace de discussion en ligne. Il s'agit de quelque chose de plus complexe qu'une simple forme de censure, nous sommes face à une tentative pour contrôler et diriger l'opinion publique en ligne, en exploitant ces mêmes travailleurs qui, avec ces outils, pourraient au contraire créer une « résistance » au système.

Un mécanisme parfait, du moins en apparence, pour contrôler et gérer (entre autres choses) également l'exploitation des travailleurs de la Toile. Selon les données diffusées par le *Beijing News*, la Chine compterait plus de 2 millions de personnes dans les services gouvernementaux et les entreprises privées qui se consacrent uniquement au contrôle des contenus en ligne. Ce nombre est appelé à augmenter. Et cela nous concerne de près : en 2019, certains médias chinois ont signé d'importants accords avec des médias italiens. Dans ce cas, il sera bon de garder un œil sur la situation pour comprendre à quel point « l'esprit du loup », combiné à la volonté de censure de l'État chinois, pourra être tenu à distance par nos mécanismes visant à garantir la pluralité et la transparence de l'information. Il n'est pas nécessaire de faire des prédictions hasardeuses pour penser qu'il s'agira d'une confrontation plutôt compliquée.

« Remplacer les humains par des robots »

En 2015, à Dongguan – la ville emblématique de la Chine « usine du monde », où étaient produits la plupart des biens que nous connaissions comme *made in China* – est née la première usine sans humains, dans le cadre d'un projet plus vaste défini par les autorités chinoises comme *Replacing Humans with Robots* (Remplacer les humains par des robots). Les effets de cette course à l'automatisation, qui s'intègre dans le projet Made in China 2025 voulu par Xi Jinping (c'est-à-dire la tentative d'innover dans dix secteurs industriels stratégiques pour devenir un leader mondial dans les secteurs technologiques clés), semblent déjà porter leurs premiers fruits, pas exactement positifs pour les travailleurs chinois. Selon les données d'un rapport de la Fondation de recherche pour le développement de la Chine, l'automatisation a remplacé jusqu'à 40 % des postes de travail dans certaines entreprises chinoises au cours des trois dernières années, soulignant les effets de la volonté de Pékin de devenir une superpuissance mondiale en matière d'intelligence artificielle. Dans certains grands centres de fabrication chinois destinés à l'exportation, 30 à 40 % de la main-d'œuvre a déjà été éliminée suite à l'automatisation.

Le « rêve chinois » de Xi Jinping – une Chine de plus en plus automatisée, utilisant les Big Data et l'intelligence artificielle – fournit d'autres exemples dignes de l'imagination de Philip K. Dick. En mai 2018, la première « banque robot » a ouvert à Shanghai, sans employés humains. Comme le rapporte la presse internationale, Xiao Long, ou « Petit Dragon », n'est pas l'employé type : c'est un robot, le protagoniste du premier guichet bancaire entièrement automatisé sans ressources humaines. En tant que gardien de la banque, il parle aux clients, accepte les cartes bancaires, vérifie les comptes et peut répondre aux questions de base. Après une brève discussion initiale avec Xiao Long, les clients passent par des portes électroniques où leur visage et leur carte d'identité sont scannés.

Un résumé parfait de la Chine actuelle : l'intelligence artificielle, la reconnaissance faciale comme élément suffisant pour entrer dans la banque et permettre au robot d'avoir toutes les informations nécessaires. Regardons également Ping An Good Doctor, l'une des applications les plus réussies en Chine, cotée en Bourse et désormais prête à atterrir dans toute l'Asie du Sud-Est. Cette application connecte les utilisateurs à un réseau de 40 000 médecins dans tout le pays via une application mobile et utilise un assistant d'intelligence artificielle pour traiter les questions générales des patients. Le modèle commercial de l'entreprise a attiré des investissements du fonds souverain de Singapour, de l'Office d'investissement du régime de pensions du Canada, de la société américaine BlackRock et du fonds japonais SoftBank Vision.

Il ressort de ce scénario que les nouvelles tendances du monde du travail au stade le plus avancé du capitalisme sont désormais à rechercher en Chine. C'est au sein de la puissance chinoise que le monde du travail – à la fois le monde traditionnel qui devra faire face à l'avancée de l'automatisation, et le monde ultra-précaire et déréglementé de la *gig economy*, l'économie des petits boulots payés à la tâche – trouvera de nouveaux outils et de nouveaux conflits à affronter. Le travail ne sera pas le seul instrument d'affirmation sociale car, grâce à la technologie, l'État peut s'arroger le droit de décider qui peut travailler et qui ne le peut pas. L'intelligence artificielle, les super-applications et les villes intelligentes, résultat du travail obscur de millions de personnes, dessinent les contours d'une nouvelle approche de la citoyenneté.

4.

Système de crédit social et vies à points

> *L'avenir possible en Chine pourrait être celui-ci : l'énorme population du pays sera réunie comme une véritable grande famille dans une grande machine gouvernementale.*
>
> Han Song

« *Dans la communauté de Shuguang, des informations sur la fiabilité et la perte de confiance des résidents et des travailleurs seront rendues publiques chaque mois. Il y a quelque temps, un travailleur indépendant a été mis sur la liste noire du comité de quartier de la communauté parce qu'il n'avait pas rempli ses obligations en matière de gestion des déchets. Il était extrêmement gêné par cette situation. "Je pensais vraiment que je ne pouvais plus regarder personne en face dans le quartier", a-t-il dit. "J'ai alors pensé à faire quelque chose pour regagner le crédit que j'avais perdu. J'ai fait du bénévolat et mon crédit a été restauré"*». Ce témoignage sur le site web de l'administration de Rongcheng, une ville de la province chinoise du Shandong, illustre une dynamique particulière de ce que nous appelons le « Système de crédit social » en Chine.

Qu'est le Système de crédit social (SCS) ? Le SCS désigne un système de surveillance et de contrôle constant, 24 heures sur 24, du comportement des citoyens, des entreprises et des institutions, mis en œuvre grâce à l'application à grande échelle de toutes les nouvelles technologies développées par l'expansion du secteur informatique chinois : caméras intelligentes, reconnaissance faciale, algorithmes, intelligence artificielle, capteurs des villes intelligentes, toutes ces activités étant menées par diverses entreprises comme Terminus que nous avons visitée plus haut. Ce à quoi il faut ajouter la vitesse de transmission garantie par la 5G qui permet des calculs en temps réel.

L'analyse et l'évaluation du comportement des citoyens, traitées sur la base des données collectées par les différents outils technologiques, déterminent les différents degrés de fiabilité de chaque personne. Sur la base des « scores » qui en résultent, des systèmes de récompenses et de sanctions pour des actions individuelles sont également établis, comme le non-paiement d'une amende ou d'une dette. Imaginons une énorme base de données où seraient stockés tous nos comportements et leurs *outputs* – sanction ou récompense – donnant lieu à des « profils » ; sur la base de ces profils, une personne peut être considérée ou non comme un citoyen pouvant bénéficier des services offerts par l'État (ou les entreprises).

Il est important de souligner que le SCS est un système complexe, loin d'être opérationnel et composé de plusieurs modules, tous en cours d'expérimentation. Mais tous les systèmes expérimentaux visent un même objectif : chaque citoyen, chaque citoyenne et chaque entreprise seront dotés d'un certain nombre de points. Ce score sera modifié en fonction de son degré de « fiabilité », qui sera entériné selon différents paramètres établis par l'État ou les administrations locales. L'objectif est d'organiser – et de contrôler – la population de la meilleure manière possible, en établissant des paramètres de fiabilité qui, comme nous le verrons, seront même en mesure de créer de nouveaux concepts de citoyenneté.

Lors de mon séjour de 2019 en Chine, dans *That's Beijing*, l'un des nombreux magazines de la ville pour les étrangers (qui permettent en général de choisir le restaurant ou le concert du soir), j'ai remarqué que les deux premières pages étaient consacrées au fameux Système de crédit social. *That's Beijing* rapportait le témoignage de certains Pékinois, heureux d'exprimer leur appréciation du système qui peut leur garantir un environnement économique et social sûr, basé sur la confiance. J'ai ainsi appris que le Système de crédit social est non seulement un projet qui est absolument public, mais qu'il est généralement très apprécié par le peuple chinois.

Pourtant, au même moment, il me semblait que les interdictions, le contrôle et les sanctions autour de moi ne cessaient de s'accroître. Par exemple, quelques jours auparavant, j'avais appris l'existence d'une nouvelle mode à Shanghai : projeter sur des écrans géants disséminés le long des nombreuses artères et routes surélevées de la métropole, les plaques d'immatriculation des conducteurs klaxonnant pour que, en plus d'être condamnés à une amende, ils soient mis au pilori. Toujours à Shanghai, à partir de juillet 2019, un nouveau système de tri sélectif a été activé. Grâce à l'utilisation de la reconnaissance faciale, associée à l'éducation au tri des déchets, cette tâche s'est retrouvée incluse dans le champ des crédits sociaux : les contrevenants aux règles verraient leur score citoyen diminuer. Ce type d'épisode ne s'est pas seulement produit à Shanghai, mais dans de nombreuses autres villes chinoises. À Pékin, par exemple, j'avais remarqué des écrans à proximité des passages pour piétons : dans ce cas également, les contrevenants, qu'il s'agisse de piétons ou d'automobilistes, étaient étiquetés comme peu fiables aux yeux des personnes passant dans la zone. La même chose s'est produite à Shenzhen. Confucius pensait d'ailleurs que c'était la crainte de la honte, plus que les lois, qui incitait les hommes à suivre correctement les règles. Quant à moi, je pense que je n'ai jamais été aussi prudent qu'à cette époque pour traverser, sachant que peu de temps auparavant, je m'étais moi aussi conformé à cette sorte d'anarchie harmonieuse dans laquelle se déplaçaient tant les piétons que les automobilistes chinois.

Le Système de crédit social a des racines anciennes dans la culture chinoise. En l'an 500 avant J.-C., Confucius s'est fixé comme objectif de coordonner toutes les aspirations présentes dans la société par une série de règles pour maintenir l'ordre. La morale est alors devenue partie intégrante de la nouvelle société : une qualité personnelle intime, en opposition aux signes extérieurs de prestige de la noblesse. En pratique, il est revenu à l'État de décider de ce qui est moral et de ce qui ne l'est pas, s'arrogeant le droit de l'établir également pour les citoyens. Tout cela est encore typiquement chinois : « *Dès que l'on accepte l'idée que la morale, comprise comme l'ensemble des vertus, et l'éthique, comprise comme la mise en œuvre pratique de ces vertus, font partie intégrante du pouvoir politique, au point d'en devenir les pierres angulaires* », a écrit le sinologue Maurizio Scarpari, « *le principe est établi que la politique est par nature éthique, et que l'État, en tant que plus haute expression de l'autorité, est la source première, sinon la seule, de la morale* ».

Bien sûr, l'application aujourd'hui des valeurs typiques du confucianisme ouvre de nouveaux scénarios, surtout si la moralité des citoyens peut être évaluée et tracée grâce à l'utilisation de systèmes technologiques modernes. Dans ces pages, nous verrons quels sont ces scénarios, tant en Chine qu'en Occident.

Procédons donc à l'exploration d'un monde fait de maximes morales, qui remontent à l'Antiquité, et de relevés ultra-technologiques capables de nous projeter directement dans le futur.

Listes noires, scores et fiabilité économique : que sont les crédits sociaux ?

S'il est compliqué d'expliquer WeChat à un Occidental, il l'est encore plus d'expliquer le Système de crédit social : WeChat existe au moins, a des fonctions, une utilité. Il n'existe pas encore, il faut le souligner, de système unifié de SCS en Chine. Autrement dit, nous ne sommes pas encore en présence d'une base de données unique qui déterminerait le score de tous les citoyens chinois. Au contraire, il existe différentes expériences de SCS : le crédit social appliqué aux entreprises (tant gouvernementales que locales), les listes noires et les listes rouges (toutes deux établies par des organismes gouvernementaux mais également utilisées dans certains cas par des entreprises privées), les projets pilotes de certaines villes qui testent un score social global des habitants et enfin le crédit social de nature spécifiquement financière (du même type que celui déjà utilisé aux États-Unis et dans certains pays européens), appliqué principalement par des entreprises privées. Ces expériences doivent être évaluées par le gouvernement avant de passer à une étape ultérieure. En termes simples, s'il existe une expérience de SCS plus convaincante que d'autres, elle pourrait être hissée au niveau national, tout comme les différentes expériences pourraient aider le Parti à concevoir un système national unique, capable d'intégrer des variantes de différents systèmes déjà testés (peut-être en combinant le score citoyen et le score financier pour déterminer des listes noires globales).

L'objectif final du gouvernement chinois pourrait en effet être le suivant : créer une mégabase de données nationale unique dans laquelle chaque citoyen et chaque entreprise auraient un score social déterminé par son propre comportement en termes de fiabilité économique (paiement d'amendes, remboursement de prêts), pénal, administratif (comportement civique, comme nous l'avons vu précédemment : klaxonner, bien recycler, traverser la rue) et probablement social (comportement en ligne, par exemple). Selon que le citoyen sera plus ou moins fiable, il aura des avantages ou des désavantages.

Comme nous le verrons, c'est justement la disproportion entre le « comportement non fiable » et sa sanction qui représente l'un des points les plus controversés du système. Mais parallèlement, des mécanismes de récupération de points pourraient être activés, comme c'est déjà le cas dans certaines expériences où, par exemple, l'assistance aux personnes âgées ou d'autres comportements vertueux sont récompensés. En le lisant d'un point de vue occidental, on pourrait dire qu'à travers les systèmes de classification (le jugement d'un service ou du comportement d'un client ou d'un utilisateur) et les mécanismes de gamification (éléments typiques des jeux vidéo appliqués à la réalité), Pékin est en train de construire un « État de surveillance ». D'une certaine manière (nous verrons plus loin dans quels cas), c'est une tendance qui se manifeste également en Occident ; cependant, la nature politique et les traditions sociales chinoises permettent à Pékin de pousser très loin dans cette direction, en devenant un laboratoire que l'Occident devrait regarder avec attention.

Mais derrière tout cela se cache l'objectif déclaré du Parti, à savoir la volonté de construire une société capable de développer un écosystème régi par la confiance mutuelle, tant entre les citoyens qu'entre les citoyens et l'État et les citoyens et les entreprises. En théorie, une chose merveilleuse. Si merveilleuse qu'elle plait à la majorité des Chinois, convaincus par le projet, parce que tout ce qui est mis en place pour identifier et mesurer la crédibilité des personnes, des entreprises et des institutions en général est accueilli avec une grande satisfaction, comme le principal antidote au chaos et à la prévarication. Cette tendance doit être replacée dans le contexte de l'histoire récente de la Chine : avec l'entrée de la Chine sur le marché mondial, qui a commencé dans les années 1990, les Chinois sont passés d'une situation de manque de contact avec le monde extérieur à une immersion totale dans le capitalisme, d'une obéissance servile aux paroles de Mao Zedong à l'objectif partagé gagner une montagne d'argent. Cette situation, ainsi que les nombreux autres changements sociaux qui en ont résulté, a conduit la société chinoise à connaître une situation d'extrême instabilité en termes de confiance entre les personnes et vis-à-vis de l'État. En effet, avec le capitalisme, sont aussi arrivés les arnaques, les faux, les bandits, les entreprises qui, pour vendre plus, ne prenaient pas soin d'effectuer les contrôles nécessaires pour assurer la qualité des produits. Tout cela a confronté Pékin à de nouveaux défis en termes de modèles de gouvernance.

Encore aujourd'hui, face aux critiques occidentales, la Chine explique les crédits sociaux par ce raisonnement : il ne s'agit pas d'établir un score personnel des citoyens, mais de rétablir des règles et avec elles la possibilité pour l'État de les faire respecter, en faisant miroiter des primes et des punitions. Sur les sites chinois où la question est abordée, la valeur « économique » des crédits sociaux est soulignée. Même s'il est évident que le SCS répond avant tout à un besoin de contrôle de l'État sur la société chinoise, ces arguments relèvent une part de vérité : la Chine, une fois catapultée sur le marché mondial, ne possédait pas toutes les informations qui existent normalement sur les citoyens et les entreprises dans les sociétés occidentales. Comme l'a souligné un blogueur chinois, « *de nombreuses personnes ne possèdent pas de maison, de voiture ou de carte de crédit en Chine* », de sorte que ces informations ne sont pas disponibles pour évaluer, par exemple, si une banque peut ou non accorder un prêt, car elle ne dispose pas de données sur lesquelles fonder le calcul d'un éventuel pourcentage de risque. En 2017, « *la banque centrale disposait de données financières concernant environ 800 millions de personnes* », mais parmi celles-ci, seules 320 millions avaient un « *historique de crédit traditionnel* ». Cela tient à plusieurs raisons : d'une part, il existe une tradition qui consiste à garder l'argent à la maison plutôt qu'à la banque ; d'autre part, le phénomène des « banques de l'ombre », des systèmes de prêt informels, souvent usuraires, est assez répandu en Chine, et occulte les données réelles sur l'épargne chinoise.

Capitalisme et crédit social des entreprises : les risques pour la souveraineté des autres États

La forme la plus simple de crédit social, ainsi que le point de départ de la réflexion menée par les dirigeants chinois, est celle appliquée aux entreprises. Elles ont été les premières à être mises sous observation. Dans ce cas, le score est déterminé par le comportement éthique des entreprises opérant dans l'économie chinoise : les entreprises sont évaluées sur la base du respect des lois et des normes fixées par le gouvernement. Ce n'est pas une coïncidence : ces dernières années la Chine a été secouée par des scandales de toutes sortes qui ont éveillé la méfiance de la population envers les entreprises. J'étais en Chine pendant le scandale du lait frelaté à la mélamine, pendant le scandale des vaccins, quand les trains à grande vitesse ont connu des accidents épouvantables, quand on a découvert que certaines usines déversaient des substances polluantes dans les cours d'eau. Les Chinois n'ont pas confiance en leurs entrepreneurs et ont appris à leurs dépens que la sécurité alimentaire, sanitaire, environnementale et au travail ne sont pas les priorités des entreprises du pays. Pour cette raison, un système qui tente de les épingler sur un score (un « crédit ») est généralement perçu comme positif par tous.

Le Système de crédit social chinois peut-il aussi avoir un impact sur les entreprises étrangères ? Oui, et on pourrait dire en ce sens que, compte tenu de l'énorme puissance économique et commerciale que la Chine est en train d'acquérir, le Système de crédit social étendu aux entreprises étrangères fait peser des risques sur la souveraineté de certains États. Aujourd'hui, en fait, les crédits sociaux pourraient déjà être utilisés pour forcer les entreprises étrangères à se soumettre aux diktats de Pékin. La preuve de ce risque s'est cristallisée en 2018, lorsque l'administration chinoise de l'aviation civile a accusé les compagnies aériennes internationales de « grave malhonnêteté » pour de prétendues violations des lois chinoises parce qu'elles avaient indiqué les destinations de Taïwan, Hong Kong et Macao sur leurs sites internationaux sans mentionner la Chine. En 2018, la compagnie aérienne nationale japonaise a dû changer la formulation de Taïwan sur son site en chinois, en l'appelant Taiwan China. N'écrire que Taïwan signifie, pour Pékin, reconnaître une sorte d'indépendance pour cette île que la direction communiste, au nom de la théorie de la « Chine unique », considère comme sa propre province. À ce titre, elle souhaite que le monde entier s'adapte, ou du moins que les entreprises opérant en Chine s'adaptent. De même, les autorités chinoises auraient fait pression sur les compagnies aériennes internationales des États-Unis et d'Australie pour qu'elles utilisent la terminologie préférée de Pékin pour désigner Taïwan et Hong Kong.

Depuis 2018, toutes les entreprises – y compris étrangères – qui ont une licence d'exploitation en Chine ont été introduites dans le système (avec un code d'identification à 18 chiffres), comme c'est le cas aujourd'hui également pour les particuliers (nous verrons à l'usage si cela s'applique également aux étrangers possédant des visas qui permettent une résidence prolongée en Chine, comme par exemple des visas de travail). Grâce à ce numéro à 18 chiffres, le gouvernement chinois contrôlera toutes les activités commerciales et signalera toute violation. Ce système pourrait également s'étendre aux ONG, aux syndicats et aux organisations sociales.

Il est clair que la limite entre demande et obligation n'est pas très claire, comme cela arrive souvent avec la Chine : les entreprises étrangères pourraient respecter toutes les lois chinoises, mais procéder avec leurs propres méthodes sur des sites web dont les serveurs – éventuellement – ne seraient même pas localisés en Chine. Dans ce cas, un éventuel respect du Système de crédit social chinois devrait donc être lu comme un zèle de la part des entreprises qui ne veulent pas avoir de problèmes dans leurs affaires avec la Chine. Respecter ou non les diktats chinois pose aux entreprises le même dilemme que celui face auquel se trouvent des millions de Chinois : courir le risque de se retrouver face à un gouvernement courroucé par des lacunes minimes, ou décider de s'autocensurer afin de ne pas avoir de problèmes avec un système judiciaire qui ne semble pas assurer, dans les étapes ultérieures du jugement, les garanties de protection nécessaires.

Bons et méchants

Le système s'est rapidement étendu des entreprises aux personnes. Le document qui sanctionne ce passage date de 2014, année où la logique du SCS devient nettement plus englobante que les différents projets qui s'étaient succédé depuis la fin des années 1990, quand on a commencé à réfléchir sur le sujet. À partir de ce moment, la « sincérité » est devenue une caractéristique fondamentale de la société, et pas seulement du marché. Et il semble que l'État chinois ait pour objectif d'analyser rigoureusement la manière dont les gens interagissent à la fois avec l'État et entre eux.

Le document à la base de tout le raisonnement actuel sur le SCS a été produit par le Conseil des affaires de l'État chinois (ce qu'il y a de plus proche d'un exécutif occidental) et vise à réaliser une première évaluation en 2020 (mais pas sa mise en œuvre complète, contrairement à ce qui a souvent été écrit) et il est constamment mis à jour. « Planification pour la construction d'un Système de crédit social » reste, selon tous les experts, le modèle sur lequel s'appuyer pour bien comprendre les objectifs du gouvernement chinois. Le document commence comme suit : « *Un Système de crédit social est une composante importante de l'économie de marché socialiste et du système de gouvernance sociale* ». Et immédiatement après : « *Ses caractéristiques intrinsèques établissent l'idée d'une culture de la sincérité et perpétuent la sincérité et les vertus traditionnelles, en utilisant l'encouragement pour maintenir la confiance et la punition contre le manque de fiabilité ; le but du système est d'élever l'honnêteté de toute la société* ».

Outre cet objectif assez général, d'autres sont énumérés : la création d'un cadre juridique et réglementaire pour le SCS, la création d'enquêtes et de supervision des crédits, la promotion d'un marché florissant basé sur les services de crédit et l'achèvement des mécanismes d'incitation et de sanction. Le document identifie des domaines prioritaires dans quatre secteurs principaux : les affaires administratives, les activités des entreprises, le comportement social et l'application de la loi. Dans les affaires gouvernementales, le SCS – selon le document officiel – « *augmenterait la transparence, améliorerait l'administration juridique, accroîtrait la responsabilité des acteurs gouvernementaux et montrerait le gouvernement comme un modèle de conduite sincère. Dans l'économie de marché, le crédit social améliorerait l'efficacité, la confiance et la transparence dans un large éventail de secteurs, de la finance à la construction, de l'industrie alimentaire ou du commerce électronique. Dans les services sociaux, elle renforcerait la confiance dans les prestataires de services de santé et la gestion de certaines professions et améliorerait le contrôle des comportements en ligne. Enfin, l'introduction de mécanismes de crédit permettrait aux tribunaux d'exécuter les jugements plus efficacement et d'améliorer le partage des informations sur les parties en litige* ».

En outre, le plan 2014 s'est concentré « *sur la création de l'infrastructure d'information sous-jacente qui serait nécessaire pour le succès du système* ». Il a précisé les outils nécessaires « *pour enregistrer les informations relatives au crédit dans différentes sections de l'administration, les bases de données pour stocker ces informations au niveau central et local, la mise en place de mécanismes de notification des crédits pour permettre l'accès du public aux informations, ainsi que le partage des informations* ». Le principal programme que cette infrastructure soutiendrait est « *un système de récompenses et de sanctions sur la base de listes noires et de listes rouges (qui ont une cote de crédit particulièrement élevée)* ». En avril 2019, le *Guangming Daily*, un quotidien de Pékin, a publié un article dans lequel He, un chercheur sur le crédit social, tentait de faire le point sur ce qui avait été expérimenté jusqu'alors, en annonçant quelques nouvelles. Selon le gouvernement chinois, le système est en train de perfectionner les innovations qui sont arrivées en 2020. En particulier, « *dans la nouvelle version, les informations personnelles seront plus détaillées et plus complètes, de même que les informations professionnelles seront meilleures. Leur quantité sera comparable à un CV très détaillé* ».

Les listes noires et les listes rouges sont déjà une réalité quotidienne en Chine. Elles comptent même parmi leurs « victimes » celles et ceux qui ont dénoncé le système. Elles sont devenues pour de nombreux médias occidentaux un exemple éloquent de ce qui se fait en Chine. Ces cas mettent en évidence les points les plus sombres de cette expérimentation. L'un d'entre eux est celui de Liu Hu, un journaliste d'investigation qui a écrit un rapport en 2013 accusant une personne d'extorsion. Le présumé extorqueur a poursuivi Liu en justice pour diffamation et le journaliste a perdu le procès. Liu a été condamné à payer une amende, ce qu'il a fait immédiatement. Malgré cela, en 2019, lorsqu'il a voulu acheter un billet d'avion par le biais d'une application, Liu a découvert qu'il était sur la liste noire de la Cour suprême chinoise : il n'a pas pu acheter de billet pour le voyage. Après un certain temps et beaucoup d'efforts, Liu a découvert que le paiement de l'amende n'avait pas abouti, malgré le fait que personne – pendant six ans – ne lui avait notifié ou communiqué quoi que ce soit. Liu a payé de nouveau l'amende, a envoyé aux juges une photo du transfert d'argent mais n'a reçu aucune réponse. Toutefois, par une voie détournée – comme on sait les dénicher en Chine – il a finalement réussi à acheter les billets d'avion en utilisant son passeport.

Son expérience a montré qu'il existe quelque chose de pire encore que la liste noire : essayer d'en sortir lorsque vous y êtes inscrit. Et les raisons pour lesquelles vous vous y trouvez sont plus variées les unes que les autres.

Liu avait probablement été inscrit sur la liste noire la plus célèbre de toutes, la « liste des personnes malhonnêtes », réservée aux personnes qui auraient négligé – volontairement – de se conformer aux décisions de justice, de payer des amendes ou qui ont été accusées d'activités frauduleuses. Les sanctions vont de l'interdiction d'acheter des billets d'avion ou de train, à la limitation de l'accès aux établissements d'enseignement, en passant par l'impossibilité d'acheter des produits de luxe sur les plateformes de commerce électronique. D'autres sanctions comprennent des restrictions au bénéfice de subventions de l'État, à l'obtention de titres honorifiques et à toute prise de fonctions comme fonctionnaires ou dirigeants d'entreprises publiques. Selon la Commission nationale des réformes, en 2016, le système avait déjà connecté 37 ministères et recueilli plus de 640 millions d'informations. Rien que cette année-là, en raison du crédit social, 4,9 millions de personnes se sont vues interdire de voyager en avion et 1,6 million de voyager en train. On est confronté à un mécanisme de sanction assez disproportionné : si on n'a pas payé une amende, au lieu d'être sanctionné administrativement, on se voit refuser la liberté de circulation.

Jia Yueting, fondateur et ancien P.-D.G. de LeEco (une société spécialisée dans le commerce électronique et les services web), a été mis sur liste noire en décembre 2017. Six mois après la notification, il lui a été interdit d'acheter des produits de luxe pendant un an, y compris des billets d'avion et de train à grande vitesse. Il ne se serait pas conformé à une décision de justice suite à un procès dans lequel son entreprise était impliquée. Jia a réussi à s'enfuir aux États-Unis à la fin de 2017, quitte à revenir plus tard en raison d'une autre affaire judiciaire. Les listes locales de « personnes malhonnêtes » ne sont pas connectées entre elles et il n'existe pas de liste complète au niveau national, mais elles sont déjà utilisées par certaines entreprises qui se servent des données de l'État pour interdire sur leurs plateformes des comportements qui font partie des interdictions prévues par les listes. Une entreprise qui accorde des prêts, par exemple, peut exclure les demandes de personnes dont le nom figure sur la liste des « personnes malhonnêtes ».

Vie à points et citoyenneté

Certains projets pilotes adoptés par les villes chinoises mettent en œuvre une utilisation beaucoup moins scrupuleuse des crédits sociaux. Le cas le plus sensationnel, bien qu'avorté par la suite, est celui de la ville de Suining, dans la région du Jiangsu, qui a introduit un programme de « crédit de masse » en 2010. Dans cette tentative, les citoyens ont reçu 1 000 points de crédit de départ. Les points ont ensuite été déduits pour violation de règles juridiques, administratives et morales spécifiques. Par exemple, une condamnation pour conduite en état d'ivresse coûtait 50 points, avoir un enfant en dehors du planning familial (aujourd'hui, cette règle ne pourrait plus s'appliquer car la loi sur l'enfant unique a été abolie) coûtait 35 points, le non-remboursement des prêts entre 30 et 50 points. Les points perdus par les citoyens pouvaient être récupérés dans un délai de deux à cinq ans, selon le type de « délit » commis. Sur la base des scores, les citoyens ont été classés sur une échelle de « fiabilité » allant de A à D. Alors que les citoyens A étaient avantagés de plusieurs façons, pour trouver un emploi plus rapidement, ou bénéficier d'un certain nombre d'avantages comme le fait de ne pas avoir à laisser d'arrhes pour les réservations d'hôtel, les citoyens de rang inférieur devaient subir une sorte d'« examen » continu pour gagner des points.

Le système de Suining prévoyait divers types d'examens : l'un de nature politique, un autre de nature civique, un autre encore si le « puni » avait des activités commerciales. Le gouvernement de Suining avait également créé un registre public avec une liste des délinquants et de leurs méfaits. L'expérience a fini par susciter de nombreuses critiques, même dans la presse d'État. L'agence Xinhua a comparé le système à la « Charte du bon citoyen » utilisée par les autorités japonaises lors de l'occupation de la Chine de 1937 à 1945. C'était une accusation infamante et suffisante pour que le projet soit complètement rejeté par le gouvernement central de Pékin.

Malgré son échec, le système Suining contenait déjà en germe les formes successives d'expérimentation de crédits sociaux, notamment la disproportion entre les punitions et les primes, le pilori public pour toute transgression, le concept selon lequel le « crédit » n'a pas seulement une valeur économique, mais est mesurable en termes de fiabilité sociale, administrative et pénale. Les expériences qui ont suivi ont semblé plus organisées et plus à même d'éviter les problèmes de l'affaire Suining. L'une des plus célèbres est celle de Rongcheng, un véritable « succès » également grâce aux réactions positives de la population. Le cas de Rongcheng dans le Shandong est un exemple clé, défini comme « démonstratif » par le gouvernement lui-même, qui lui a donné une large place sur le site consacré aux crédits sociaux, l'indiquant comme le meilleur moyen de parvenir à une véritable « société harmonieuse » et stable. En fait, ce qui a été réalisé à Rongcheng semble fonctionner et tout le monde semble en être satisfait. Ce projet a souvent été cité dans les médias chinois et il est presque toujours mentionné dans les nombreux articles en mandarin de réponse aux critiques occidentales. Le système pilote de Rongcheng utilise les mêmes critères que celui essayé à Suining, mais il a mieux fonctionné parce que le système est « *précis dans sa punition et généreux dans ses récompenses* », comme l'a souligné Simina Mistreanu dans un article de *Foreign Policy* intitulé « Life Inside China's Social Credit Laboratory » (La vie à l'intérieur du laboratoire chinois de crédit social).

Les écoles, les hôpitaux, tout l'écosystème de la ville participe, « *parce que les citoyens pensent que c'est mieux pour leur administration* ». Un de ces microsystèmes a été construit par les habitants d'un quartier d'environ 5 100 familles à deux pas de l'hôtel de ville de Rongcheng. La communauté a été divisée en « *grilles de 300 familles* », « *chacune d'entre elles étant contrôlée par une équipe de gestionnaires* ».

Les effets ont été positifs : selon les habitants, « *la qualité de vie a augmenté… ainsi que les prix de l'immobilier* ». Aucun d'entre eux ne pense que le système puisse poser problème pour leur vie privée.

C'est précisément parce que le système a été bien accepté par les citoyens, qu'il a été poussé encore plus loin. De nouvelles sanctions ont été ajoutées pour ceux qui diffusent illégalement des prédications religieuses – adaptant ainsi son système de sanctions à une campagne gouvernementale lancée depuis un certain temps contre les religions – et pour ceux qui diffament d'autres personnes en ligne (le phénomène du *doxxing*, c'est-à-dire la diffusion en ligne d'informations personnelles privées sur des personnes considérées comme responsables d'une faute quelconque, est particulièrement répandu en Chine). Selon le portail internet de la ville de Rongcheng, la couverture du système serait « complète », puisqu'elle inclurait 600 000 habitants, 190 000 migrants, 16 000 entreprises, 140 unités départementales, 1 420 villages, tous intégrés dans le Système de crédit social. Les récits de citoyens de Rongcheng sur la Toile chinoise sont tous enthousiastes : à Lushan Lu, on peut lire que « *des bénévoles iront spontanément chez les personnes âgées pour aider à garder leur maison propre* ». Zhang Qifeng, présidente de la Fédération des femmes de la ville, a déclaré aux journalistes que la mise en place du système a mobilisé « *l'enthousiasme des habitants* ». Ning Xinhua – autre « témoin » du SCS – a déclaré que le service volontaire a non seulement amélioré l'apparence, la propreté et l'ordre, mais lui a également permis d'augmenter son score personnel. Selon Yue Xiaoli, secrétaire de la section du Parti dans la communauté de Shuguang, « *grâce à la gestion du crédit, même les disputes de voisinage, les querelles ou les tensions entre les résidents ont été considérablement réduites* », car de plus en plus de personnes s'engagent à se comporter de manière vertueuse : « *les comportements non civilisés ont diminué et les résidents de la communauté sont satisfaits* ». Un autre projet pilote qui semble fonctionner et qui a été développé dans une grande métropole est celui de Shanghai, où une application établit l'honnêteté des entreprises et des citoyens sur la base de leur comportement administratif, pénal et autre. Par exemple, la ville chinoise a récemment mis en place un système de collecte sélective régi par la reconnaissance faciale. Même la façon dont on traite ses déchets finit dans le « dossier » personnel établissant le niveau d'honnêteté de chaque citoyen.

Dans certains projets pilotes, on trouve également des actions pour améliorer son score : participer à des initiatives du Parti, être actif et bienveillant envers les personnes âgées, et toute une autre série d'activités citoyennes modèles. Par exemple à Xiamen, une ville de la province orientale du Fujian, les adultes peuvent utiliser le compte officiel de crédit social sur l'application WeChat pour vérifier leurs scores. Ceux qui obtiennent un score élevé peuvent « *éviter la queue aux ferries de la ville et n'ont pas besoin de verser de caution pour louer un vélo partagé ou emprunter un livre à la bibliothèque* ».

Il est clair que ces différents projets visent à tester et à poser les bases d'un modèle national au sein duquel de nouveaux concepts de citoyenneté pourront se développer (par exemple, qui a le droit de vivre dans une ville intelligente extraordinaire et efficace ?), ainsi que de nouvelles interdictions ou de nouveaux contrôles comme le « respect » du Parti communiste, ou la présence sur la liste de contacts WeChat de personnes considérées comme « dangereuses » par le Parti. Il ne faut pas oublier que nous sommes en présence d'un État avec des tendances autoritaires évidentes, du moins selon nos critères d'évaluation ; pour cette raison, la gestion d'un projet comme celui des crédits sociaux, au-delà de ce que prétend la propagande de l'État chinois, peut certainement atteindre des sommets d'intrusion et de jugement qui restent encore à explorer. Il n'est pas à exclure, par exemple, que l'évaluation de la fiabilité ou non des personnes puisse également inclure leur propre comportement sur les réseaux sociaux, augmentant, et pas qu'un peu, l'intrusion du contrôle de l'État sur la vie privée des citoyens.

Un exemple de ces possibles déraillements du projet a été donné par les programmes des sociétés financières, comme Sesame Credit d'Ant Financial, succursale d'Alibaba. Ce sont ces projets qui ont conduit à la confusion qui s'est produite initialement en Occident dans la perception du SCS. En fait, il s'agit de programmes privés, très similaires à ceux utilisés en Occident, qui dans certains cas ont fini par s'approcher réellement d'un système d'évaluation capable d'enquêter sur les comportements en ligne, atteignant un niveau d'intrusion si élevé qu'il a été jugé excessif même par la banque centrale chinoise, qui avait chargé huit entreprises de procéder à des projets capables de vérifier le fonctionnement des crédits sociaux. Pour l'instant, le gouvernement chinois ne prévoit pas d'analyser le comportement en ligne des citoyens. Mais il n'est pas dit qu'on n'en arrive pas là avec le temps.

Le SCS chinois : un miroir pour l'Occident

En Occident, on a beaucoup écrit sur le SCS des citoyens individuels, en s'appuyant souvent sur des sources de seconde ou troisième main, en citant et en utilisant des articles, pour la plupart en anglais, publiés sur le sujet dès qu'il a commencé à être discuté. Ces premières analyses ont forcément connu une certaine approximation. L'idée d'un système capable de donner à chaque citoyen une note de départ puis de vérifier progressivement son comportement n'a fait qu'alimenter le besoin de dystopie présent en Occident. La lecture excessivement catastrophique et inquiétante – même si, comme nous l'avons vu, les bases réelles ne manquent pas pour ces interprétations – a fini par mystifier certains aspects du SCS, avec pour résultat une certaine incompréhension du projet. C'est le même processus que celui de l'« orientalisme », qui consiste à attribuer à des lieux lointains et peu connus des caractéristiques et des dynamiques supposées ou imaginées à partir de notre système de valeurs. Ce n'est pas un hasard si, en ce qui concerne le SCS, on a pu parler de « techno-orientalisme ».

Pour toutes ces raisons, la première réaction des médias internationaux au projet SCS a fini par s'orienter vers les trajectoires interprétatives les plus dystopiques qui semblent être à la mode ces dernières années. « Chute libre », l'épisode de la série à succès de Netflix *Black Mirror*, dans lequel à chaque individu correspond un score, établi à partir de ses interactions avec d'autres personnes, et qui détermine sa possibilité d'avoir ou non une vie digne, nous a donc semblé être la transfiguration immédiate, à nos yeux, de ce qui serait en train de se passer en Chine. À l'opposé de cette interprétation, on trouve plutôt ceux qui pensent que ce qui se passe en Chine n'est pas si éloigné de ce qui se passe déjà dans certains pays occidentaux (par exemple, les listes noires chinoises peuvent être comparées aux *daspo* italiennes – interdictions d'accès aux manifestations sportives – ou aux diverses interdictions d'entrée dans un pays pour suspicion de terrorisme), ce qui tend à minimiser à la fois le projet chinois et son impact éventuel sur d'autres systèmes et sur le futur concept même de « citoyenneté ».

Mais y a-t-il des expériences et des projets en Occident qui nous rappellent le SCS chinois ? L'une des premières analogies a été bien analysée par Rogier Creemers, post-doctorant en droit et gouvernance de la Chine à l'université de Leyde, lors d'un épisode du podcast *Sinica* (l'un des plus anciens et des meilleurs podcasts sur la Chine). Il est certainement vrai que le concept de liste noire, par exemple, n'est pas entièrement étranger à l'Occident. Plusieurs pays disposent de listes de hooligans ou d'extrémistes islamistes. Mais selon Creemers, il existe des différences importantes : tout d'abord, « *les listes noires chinoises sont en train de se diffuser beaucoup plus rapidement que des instruments similaires en Occident* ». Deuxièmement, « *le droit occidental stipule que la sanction doit être proportionnelle : si vous êtes un hooligan connu, vous pouvez vous voir interdire l'accès à un stade de football, mais vous pouvez toujours prendre l'avion. Les systèmes chinois ont de plus en plus recours à des sanctions disproportionnées – le non-respect de la loi dans un domaine entraîne des restrictions partout. Cela est lié à l'idée de moralité au sein du gouvernement, mais aussi au fait que les sanctions proportionnelles n'ont pas été jugées efficaces* ».
Il y a un autre aspect à prendre en compte. Si, avec WeChat, le dilemme se situait au niveau de l'utilisation des données (préférons-nous que ce soient des entreprises privées ou un État qui les détiennent ?), avec le SCS et l'application partielle de ses mêmes principes de réputation également en Occident (chez Uber, Airbnb, etc.) la question qui se pose est autre : préférons-nous que ce soient d'autres citoyens ou bien un État

qui nous jugent ? Il y a certainement une similitude entre la notation établie par les projets de villes chinoises ou les listes noires, et les systèmes de notation des différents Airbnb, Uber et autres eBay. Un rapport publié par l'Institut universitaire européen, « The Chinese social credit system: A model for other countries? » (Le Système de crédit social chinois : un modèle pour d'autres pays ?) de Daithí Mac Síthigh et Mathias Siems, indique que « *le succès d'eBay* » et de sites similaires (par exemple Airbnb et Uber) « *est dû à une combinaison de paiements sécurisés, de systèmes de règlement des litiges fiables et abordables et de mesures de renforcement de la confiance, comme le système d'évaluation mutuelle qui permet de vérifier la réputation en ligne* ». Les évaluations sont réciproques : nous jugeons le conducteur qui nous conduit à l'adresse demandée, le conducteur nous juge en tant que passager. C'est la même chose avec Airbnb. Dans ces cas précis, nous sommes confrontés à des systèmes de notation transparents, aussi déplaisants soient-ils. Le rapport met également en évidence des systèmes de notation plus onéreux et moins transparents, comme c'est le cas de certaines informations qui sont demandées dans les transactions financières (par exemple, le propriétaire demandant un relevé de compte pour vérifier la situation financière d'un candidat locataire).

Selon les auteurs du rapport, le parallèle intuitif avec le système chinois est que même en Occident, des individus utilisent ou offrent des services qui impliquent une évaluation par d'autres personnes, in fine réduite à une seule note. En Occident, ce type de score peut avoir des conséquences diverses (par exemple, ne pas pouvoir réserver un logement ou un voyage en voiture). Cependant, il existe de profondes différences. La plus évidente est que le Système de crédit social chinois n'est pas basé sur les évaluations subjectives des autres citoyens, car c'est l'État qui juge tous les citoyens. Le SCS est donc quelque chose que nous, Occidentaux, aurions intérêt à connaître. Cela nous permettrait de comprendre les risques et dérives de la nouvelle « économie de la réputation ». Mais le SCS n'est qu'une partie, comme nous l'avons précisé, d'un projet plus vaste. La Chine ne veut pas seulement réglementer les personnes, mais aussi l'environnement dans lequel elles vivent.

Ingénierie sociale

Lee Kwan Yew, architecte de l'indépendance et de la richesse de Singapour et grand connaisseur de la Chine, a identifié, peu avant sa mort en 2015, la technologie comme étant le talon d'Achille de la Chine. Lee ne voulait pas dire que la Chine ne serait pas en mesure de développer un secteur technologique de pointe, mais que l'Internet et les nouvelles possibilités offertes par ce secteur pourraient – à long terme – saper le potentiel de contrôle du Parti communiste sur la société chinoise. Non seulement cette prédiction s'est révélée fausse, mais nous savons aujourd'hui que c'est précisément le développement de la technologie qui semble permettre aux dirigeants chinois d'exercer un contrôle strict sur tout ce qui se passera dans le pays à l'avenir. En effet, lorsque la technologie permet d'extraire les données les plus variées et les plus précises sur le comportement de la population et lorsque ces données peuvent être facilement utilisées par l'appareil d'État, les possibilités de contrôler et d'organiser une société à volonté augmentent considérablement, indiquant les paramètres selon lesquels permettre ou non l'exercice de la citoyenneté elle-même.

Le projet controversé des crédits sociaux semble le démontrer pleinement, permettant au Parti communiste d'atteindre son objectif principal, le « *maintien de la stabilité* ». Un besoin qui, aussi étrange que cela puisse paraître, est ressenti par l'ensemble de la population. Ordre et chaos : c'est l'alternance historique pour les Chinois. Et comme à l'époque impériale, si le centre est fort, la société prospère et il y a de l'ordre. Sinon, l'ancienne façon chinoise de dire le chaos se vérifie : « *les montagnes sont hautes, l'empereur est loin* ». Ce n'est pas un hasard s'il existe des références historiques très anciennes qui ne sont pas si éloignées de la logique générale des crédits sociaux, remontant même à la Chine impériale. Pendant la dynastie Song (960-1279), l'un des plus importants réformateurs de l'histoire chinoise, Wang Anshi, a mis en place le système de « surveillance mutuelle » de la *baojia*, une organisation hiérarchique conçue par la distribution de l'espace et du pouvoir entre groupes de familles, dont les fonctions étaient liées au contrôle local : défense, police, sécurité et autocensure. L'objectif de la *baojia* était double : d'une part, comme les membres de chaque groupe s'occupaient du recensement et se contrôlaient mutuellement, elle déchargeait le gouvernement local des activités administratives. D'autre part, le système fonctionnait comme une sorte de milice, de véritables garnisons (entraînées à l'attaque et à la défense) pour remplacer les garnisons militaires. Imaginons tout cela aujourd'hui, avec la puissance des caméras vidéo et de la reconnaissance faciale.

La tendance de la société chinoise au contrôle vient de loin. Elle a progressé parallèlement au grand développement technologique du pays. Pour retracer l'origine du panoptique chinois actuel – dans lequel nous pourrions insérer le SCS et les villes intelligentes – nous devons remonter aux années 1970, et notamment à la figure du scientifique Qian Xuesen, le père non seulement de la technologie nationale des missiles, mais aussi des premiers modèles d'ingénierie sociale. Qian Xuesen, né en Chine en 1911 (et décédé en 2009) a rapidement été recruté dans les années 1930 par le MIT puis Caltech. Scientifique de haut niveau aux États-Unis, il a été chassé du pays pendant le maccarthysme parce qu'il était accusé de sympathie communiste (et d'être un espion à la solde de Pékin). Une fois rentré chez lui, il a donné naissance à l'industrie chinoise contemporaine des missiles, obtenant grâce à son travail qu'un astéroïde porte son nom et que lui soient élevées plusieurs statues dans le pays.

En 1954, Qian publie *Engineering Cybernetics*. C'est à lui et à d'autres scientifiques chinois que l'on doit la première configuration de modèles d'ingénierie sociale qui, utilisés au fil du temps par le Parti communiste, ont fusionné pour donner naissance à ce qui, depuis les années 1990, est connu sous le nom de « Golden Project », un projet lancé par le Parti communiste chinois qui prévoit une organisation totale de la société sur des bases d'ingénierie afin de se rapprocher le plus possible d'une société « modèle » et qui a récemment trouvé un écho dans plusieurs projets. Une sorte de Confucius revisité à la lumière du nouveau potentiel technologique disponible. Sur la base des études de Qian, le PCC a commencé à envisager la possibilité d'organiser la société autour de l'ingénierie, en utilisant progressivement les progrès que la science et la technologie autochtones offraient. Des années 1990 à aujourd'hui, l'accélération de l'effort chinois en matière d'innovation technologique, ainsi que la logique du marché, ont reçu une impulsion de la direction du PCC pour permettre une transformation progressive de la société par l'ingénierie, où rien n'est laissé au hasard : le but est la création de « citoyens modèles », adaptés à des villes intelligentes radieuses, efficaces et strictement contrôlées par l'appareil technologique sécuritaire. Le système des crédits sociaux représente l'apogée de ce processus.

Les nouvelles technologies permettent donc à la Chine de mieux délimiter ce que Qian n'avait fait qu'esquisser, par la volonté de diviser les espaces et les personnes pour permettre un meilleur contrôle par les autorités : les villes sont si rigoureusement conçues, surtout les villes intelligentes, avec des espaces, des structures et des services, qu'elles peuvent permettre un contrôle total sur la population et assurer l'efficacité et l'« harmonie ». Comme l'a écrit le magazine *Science*, l'ingénierie des systèmes est si importante pour le Parti communiste chinois que les cadres de son école centrale de Pékin sont invités à l'étudier. Une application pratique du *Golden Project* était déjà apparue en 2002, lorsque la Chine a donné naissance à un nouveau concept de maintien de l'ordre. À Shanghai, les agents étaient occupés à collecter des informations grâce à un système qui divisait l'espace urbain en « grilles », chaque carré étant assigné à divers « gestionnaires », parvenant ainsi à donner des réponses plus rapides et à obtenir le plus d'informations détaillées possible sur un espace limité : quelque chose de très similaire à ce qui se passe à Rongcheng.

Comme nous venons de le voir, les idées qui sous-tendaient le *Golden Project* constituent un ensemble visant à contrôler l'information et les personnes dans une douzaine de domaines. L'un des sous-projets est le *Golden Shield*, le Bouclier d'or. Il s'agit d'un « système » directement lié au SCS, puisqu'il vise à créer une infrastructure nationale au sein de la police et de la sécurité intérieure, domaines dans lesquels la Chine a beaucoup investi au fil du temps afin de développer de meilleures capacités technologiques et de gestion.

Dans le cadre global du *Golden Project*, un financement constant est également prévu pour les universités et les instituts de recherche afin de créer une véritable classe dirigeante « technologique » capable de gérer politiquement les résultats de la recherche. En effet, des années 1990 à nos jours, en passant par les directions de Jiang Zemin (1989-2002) et de Hu Jintao (2002-2012), avant d'arriver à Xi Jinping, le Parti communiste a continué à développer des plans d'ingénierie sociale, dont le Système de crédit social n'est qu'un des nombreux aspects. C'est aussi pour cette raison que nous ne devons pas nous limiter à mettre en valeur uniquement les aspects qui nous paraissent dystopiques, mais que nous devons plutôt les insérer dans un tableau plus large : à ce stade tout pourrait paraître encore plus inquiétant qu'une simple coïncidence entre la Chine et *Black Mirror*.

Les processus de gestion sociale imaginés par Qian Xuesen et la direction du Parti peuvent désormais s'appuyer sur les nouvelles technologies pour devenir réalité et fonctionner au mieux. Dans la construction du système de surveillance chinois, désormais global, les responsables se sont concentrés sur l'analyse et l'intégration des Big Data, en utilisant les réseaux neuronaux et l'intelligence artificielle. Les crédits sociaux régissent la relation entre l'État et les citoyens et constituent l'exemple de gouvernance interne que la Chine présente à la fois aux Chinois et au monde extérieur. Naturellement, la rapidité avec laquelle la Chine avance dans sa course vers de nouveaux objectifs technologiques rendra ce système encore plus efficace. À cet égard, le financement continu des projets de recherche – y compris ceux qui n'ont pas de retombées commerciales immédiates – fournit à la Chine un matériel constant pour gérer au mieux l'intérieur du pays, une condition fondamentale pour pouvoir faire face aux défis qui se poseront à l'échelle internationale.

5.

Les clés du succès : la créativité et la recherche

Ce qui est important, ce n'est pas de savoir si ce que je dis est vrai, mais si quelqu'un y croit...
Hao Jingfang

Sur quoi repose la force de la Chine aujourd'hui ?

Partons d'une simple histoire qui nous permettra d'illustrer au moins deux des éléments qui donnent à la nouvelle puissance technologique mondiale une force impétueuse : la créativité et le financement de la recherche.

Angelo Yu a fondé sa propre entreprise, Pix Moving, qui produit des voitures dont les composants sont créés avec des imprimantes 3D. Sa société peut vivre et prospérer en toute sécurité y compris quand les taxes douanières américaines changent (qui affectent la plupart des exportations chinoises vers l'Amérique), car Pix Moving fournit à ses clients américains des « modèles » directement dans le *cloud* : les véhicules utilitaires et agricoles, commandés par des clients particulièrement fortunés, sont produits aux États-Unis, et non en Chine. En outre, cela permet d'économiser beaucoup d'argent car tout est dans le *cloud* : nul besoin de transport, de routes maritimes, de navires, de conteneurs, de tarifs douaniers.

Pour réduire le nombre de pièces nécessaires à la fabrication d'une voiture, Yu et son équipe se sont appuyés sur la conception générative. Cela fonctionne plus ou moins comme suit : les programmeurs de Pix Moving fixent certains paramètres, tels que la taille du véhicule et la charge maximale qu'il doit transporter. Ils laissent donc les ordinateurs fonctionner librement pour déterminer ce qui peut être créé dans le cadre de ces contraintes. Les algorithmes permettent à l'intelligence artificielle d'apprendre les techniques et d'affiner les résultats. Les ingénieurs réexaminent ensuite les options et choisissent les meilleures pour construire le modèle requis par le client. Siddharth Suhas Pawar, ingénieur en mécanique chez Pix, a déclaré qu'il était souvent « *surpris* » par les suggestions de cette IA.

« *Si Henry Ford était encore en vie je pense qu'il aurait construit des voitures en utilisant l'IA* », a déclaré Yu. C'est possible, mais à condition que Henry Ford ait vécu en Chine… En fait, le succès de l'entreprise de Yu n'est pas le fruit du hasard et ne dépend pas de sa seule créativité : la start-up de Yu est un petit exemple dans un univers qui est voulu, créé et orienté par les dirigeants chinois, qui va au-delà de la créativité des entreprises individuelles. Et c'est là que nous trouvons la deuxième clé pour comprendre le développement technologique chinois : le financement de la recherche par l'État et le contexte favorable qui en découle pour l'épanouissement et la prospérité des start-up et des entreprises des domaines technologiques.

Pékin estime que la robotique et les autres technologies de pointe – comme celles utilisées par Pix – sont capables d'offrir la possibilité non seulement d'employer moins de main-d'œuvre et donc de réduire les coûts, mais aussi d'améliorer la production et la compétitivité internationale. C'est pourquoi il consacre d'énormes ressources et énergies à la « production intelligente », le cœur du programme gouvernemental « Made in China » 2025 qui vise à promouvoir le développement d'industries stratégiques et à rattraper les concurrents occidentaux.

Ce n'est pas un hasard si la Chine a récemment fourni à ses entreprises des robots industriels à une vitesse supérieure à celle de tout autre pays. En 2018, selon les données de la Fédération internationale de robotique basée à Francfort, quelque 154 000 robots ont été vendus à des usines chinoises – plus que l'Europe et l'ensemble du continent américain.

Il était une fois Mad Men, il était une fois Mao

L'accélération de la guerre commerciale entre la Chine et les États-Unis (qui cache souvent les vrais enjeux, notamment la course à la 5G), a conduit certains analystes américains à rappeler à l'actuel président Donald Trump (et plus généralement quiconque siégera à l'avenir dans le bureau ovale de la Maison Blanche) que le véritable désavantage des Américains vis-à-vis de la Chine remonte aux années 1980, quand les États-Unis ont renoncé à faire ce qu'ils avaient fait depuis les années 1950, c'est-à-dire investir massivement dans l'innovation, l'éducation et la recherche.

Pour comprendre à quel point les États-Unis ont perdu du terrain de ce point de vue, revenons un instant en arrière. En 1938, à la veille de la Seconde Guerre mondiale, les États-Unis (gouvernement fédéral et gouvernements des États pris ensemble) consacraient environ 0,075 % de leur PIB à la recherche scientifique (un montant minimum). En 1944, le gouvernement fédéral et les gouvernements des États ont utilisé près de 0,5 % du PIB : une somme multipliée par sept qui a servi à développer les systèmes de radar, la pénicilline et la bombe atomique.

Cette tendance était destinée à durer et à s'étendre en même temps que l'influence américaine dans le monde. Par la suite, en temps de paix et durant la guerre froide, le gouvernement américain a canalisé les ressources publiques vers la recherche scientifique à une tout autre échelle. De 1940 à 1964, le financement fédéral de la recherche et du développement a été multiplié par vingt. C'est la période où naissent les produits pharmaceutiques modernes, la microélectronique, la conquête de l'espace, les ordinateurs, les satellites, le GPS, l'Internet et bien d'autres choses. Une fois de plus, une série télévisée à succès vient à notre secours pour raconter cette phase : *Mad Men*, l'histoire d'une société de publicité dans les années 1960. Cette série nous permet de saisir certains aspects du rêve américain, comme la capacité à transmettre aux consommateurs potentiels la nécessité de posséder un produit avant même d'en connaître l'utilisation. L'Amérique d'alors était l'Amérique qui a entraîné le monde entier à désirer les mêmes choses, à vouloir l'amélioration des conditions économiques des foyers. Une Amérique qui a entraîné le monde à la suivre dans un processus séduisant qui aujourd'hui semble rétro mais qui à l'époque semblait futuriste. Cette Amérique s'est propagée dans le reste du monde notamment au travers de sa culture de masse, produite par la majestueuse machine de soft power *made in USA*, souvent véhiculée par Hollywood. Parallèlement à ce processus culturel, d'autres se sont mis en branle, provenant des premières entreprises qui allaient devenir synonymes d'innovation et d'Amérique comme IBM, AT&T et Xerox.

La base du rêve américain était, en somme, l'énorme effort économique de l'État pour financer la recherche, les universités et ce qui en découle : la production constante d'innovations. C'est ce que les États-Unis ont cessé de faire, et c'est dans ce manque qu'il faut chercher le fossé qui semble exister aujourd'hui entre l'Occident et l'Orient.

Au début des années 1980 un lent déclin s'est amorcé : les dépenses publiques de recherche et développement ont chuté à 1,2 % du PIB ; en 2017, elles sont tombées à 0,6 %. Aujourd'hui, si nous prenons comme base le pourcentage du PIB consacré à la recherche, neuf pays dépassent les États-Unis. D'ici 2025, par exemple, selon une analyse récente concernant la recherche médicale publiée par le *Journal of the American Medical Association*, la Chine remplacera les États-Unis en tant que leader mondial de la recherche et du développement pharmaceutiques.

Mais que faisait la Chine pendant ce temps ? Dans les années 1960, au moment où les nombreux Don Draper (protagoniste de *Mad Men*) aux États-Unis se déchaînaient autour des nouveaux styles de publicité, la Révolution culturelle en Chine a détruit l'enseignement supérieur. Les écoles et les universités avaient été remplacées par l'obligation pour les garçons d'aller à la campagne pour s'imprégner des qualités révolutionnaires des paysans. Bref, pour cette génération, la position actuelle de la Chine sur la scène mondiale aurait été inimaginable.

Ce n'est qu'après la mort de Mao, lorsque la direction conduite par Deng Xiaoping a pris le pays en main, que le système scolaire chinois a commencé à être restauré ; cette même direction a ouvert la phase entrée dans l'histoire comme la « période des réformes et des ouvertures » : entre les années 1980 et la fin des années 1990, Pékin a fait croître son économie en élevant le niveau de vie de sa population, en produisant et en exportant des biens compétitifs au niveau mondial, grâce aussi aux investissements de sociétés étrangères. Ce sont ces années-là qui ont vu la croissance retentissante des investissements et des progrès de la science. L'année 1989 marque un tournant : après la répression des protestations des étudiants et des travailleurs, les dirigeants chinois ont décidé de consolider la loyauté des cadres intellectuels par une attention qui était jusqu'alors essentiellement portée aux classes productives, aux travailleurs et surtout aux paysans. Donner de l'importance à la classe intellectuelle, garantir la croissance et la possibilité de faire de la recherche avec des fonds et dans des lieux *ad hoc*, a permis au Parti communiste chinois d'établir deux piliers fondamentaux qui font sa force économique actuelle : d'une part, en donnant un rôle central à la science, il a fini par porter au pouvoir dans la première décennie des années 2000 ceux qu'on appelle les technocrates ; d'autre part, il a placé toute une génération d'intellectuels, de scientifiques, de professeurs d'université sous son contrôle idéologique.

Les résultats ont été surprenants : de 1990 à 2010, les inscriptions dans l'enseignement supérieur chinois ont été multipliées par huit et le nombre de diplômés est passé de 300 000 à près de 3 millions par an. Au cours de la même période, la part de la Chine dans le nombre des inscriptions dans l'enseignement supérieur est passée de 6 à 17 % du total mondial. En 2017, 8 millions d'étudiants ont obtenu leur diplôme dans les universités chinoises. En comparaison, la même année environ 3 millions d'étudiants ont obtenu leur diplôme dans des universités américaines. Jonathan Gruber et Simon Johnson, deux professeurs respectivement du Massachusetts Institute of Technology et de la MIT Sloan School of Management, ont rappelé dans le magazine *Foreign Affairs* qu'« *on peut débattre de la qualité de l'enseignement scientifique en Chine, mais pas des chiffres* ».

En 1990, le nombre de doctorats obtenus aux États-Unis était vingt fois plus élevé qu'en Chine. Deux décennies plus tard seulement, la Chine a dépassé les États-Unis sur ce plan, avec 29 000 nouveaux doctorats en 2010, contre 25 000 aux États-Unis. Aujourd'hui, six universités chinoises se classent parmi les cent meilleures universités du monde, selon le classement du *Times Higher Education*.

Méritocratie et *guanxi*

À travers l'expérience d'Angelo Yu, nous avons vu que la créativité renouvelée de la Chine se développe grâce à un contexte favorable assuré par l'État, qui finance largement la recherche et l'industrie technologique. Nous avons ensuite relaté ce que nous pouvons considérer comme un passage de témoin du financement de la recherche de l'Occident à la Chine. Voyons maintenant pourquoi l'avantage actuel de Pékin réside également dans un troisième facteur : son système méritocratique.

François Jullien, helléniste qui s'est rendu en Chine pour prendre de la distance par rapport à son objet d'étude, s'est spécialisé dans la comparaison des systèmes philosophiques orientaux et occidentaux. Dans son analyse, il part d'un présupposé assez intrigant : en Occident, nous avons toujours été habitués à raisonner en gardant à l'esprit une situation « idéale ». En Chine dit Jullien, il n'y a pas – et il n'y a jamais eu – de métaphysique. Les Chinois ne se demandent pas, philosophiquement, « qu'est-ce que c'est que ça ? ». Ils se demandent : « comment puis-je le faire ? ». Les journalistes appellent cela le sens pratique. Federico Masini, l'un des plus importants sinologues italiens, estime que le concept de « temps » lui-même est fondamental pour comprendre l'attitude actuelle des Chinois. Pour nous, le temps est « éternel », mais pas pour les Chinois. C'est pourquoi ils planifient en fixant des objectifs et des phases : ils savent que le temps n'est pas éternel. Et qu'il est changeant.

Le mot *geming*, traduit par « révolution » dans les langues occidentales, mais signifiant en chinois « révocation d'un mandat », met en évidence la conception chinoise d'une société en constante transformation. Comment cette caractéristique, qui résume des millénaires d'histoire chinoise, est-elle gérée ? Certains universitaires pensent qu'une telle transformation continue est régie par un autre principe pratique bien ancré dans la culture chinoise : la méritocratie, véritable pierre angulaire de la différence entre la Chine et l'Occident.

Daniel Bell et Eric Li ont écrit dans le *Financial Times* que le Parti communiste chinois serait passé du statut de parti révolutionnaire à celui de parti « méritocratique » : « *Aujourd'hui, les universités sont les principaux lieux de recrutement de nouveaux membres. Les étudiants doivent obtenir des scores extraordinaires pour réussir les examens nationaux et être admis dans une université d'élite qui forme les futurs dirigeants. Ils se livrent une concurrence acharnée pour être admis dans le Parti. Les étudiants ne sont admis que s'ils ont de bons résultats et seulement après avoir passé des contrôles approfondis* ». Ceux qui veulent « servir le peuple » doivent passer des examens d'État avec des millions de candidats pour une seule place et, une fois qu'ils sont « dedans », ils doivent passer par de nombreuses évaluations de leurs supérieurs pour faire carrière. « *Ils doivent prouver leurs compétences dans le cadre de leurs fonctions au sein de l'administration locale et aussi passer des tests de personnalité* ».

Mais ce qui est certain, c'est que le système de sélection des fonctionnaires en Chine fonctionne. Le pays tient, développe et étudie des stratégies de renouvellement. Les avantages de la méritocratie chinoise sont évidents – soutiennent les partisans de cette thèse – car les cadres sont soumis à un processus de sélection épuisant et seuls ceux qui ont fourni d'excellentes performances atteignent les plus hauts niveaux. Au lieu de gaspiller du temps et de l'argent dans des campagnes électorales sans intérêt, les dirigeants peuvent essayer d'améliorer leurs connaissances et leurs résultats. La Chine envoie souvent ses dirigeants à l'étranger pour s'inspirer des meilleures pratiques politiques. Il s'agit là – c'est indéniable – de quelque chose qui est en dehors des pratiques de l'Occident. Et qui vaut la peine d'être étudié : la Chine est une puissance économique avec ses particularités mais, comme l'a écrit Zhang Weiwei, professeur à la prestigieuse université Fudan, dans les pages du *New York Times*, « *elle ne produira jamais de dirigeants incapables dans le genre de Bush ou de Noda au Japon* ». Ou de Trump, pour ne citer aucun Italien.

Comme pour les crédits sociaux, on peut également trouver les racines du principe de la méritocratie dans le passé de la Chine : son origine se trouve en effet dans l'histoire et la dynamique des examens impériaux. Ceux-ci furent instaurés par l'empereur Wu de la dynastie Han (141-87 av. J.-C.), déjà protagoniste de l'ouverture de la Chine à la Route de la soie. Avec la dynastie Tang, les examens sont devenus une condition nécessaire pour accéder à une charge de fonctionnaire, pour mûrir définitivement à l'époque Ming (en passant aussi par une phase où ils étaient une sorte de solution à l'écrasant pouvoir aristocratique : la « méritocratie » visait alors à démanteler les privilèges héréditaires).

Daniel A. Bell, auteur du livre *The China Model*, affirme que le principal idéal politique – partagé par les fonctionnaires, les réformateurs et les intellectuels – est ce qu'il appelle la méritocratie démocratique verticale, c'est-à-dire « *une démocratie aux niveaux inférieurs du gouvernement* » en regard d'un système politique qui, selon Bell, récompense la méritocratie aux niveaux supérieurs de la structure politique et institutionnelle du pays. Une méritocratie qui sanctionne le rituel de la politique intérieure et devient le guide de la politique extérieure : ce sont là les lignes directrices d'une Chine à laquelle nous aurons affaire beaucoup plus fréquemment que par le passé.

On pourrait donc croire que la Chine est le modèle méritocratique par excellence. Mais ce n'est pas exactement le cas : comme toujours en Chine, la réalité est multiforme car, à côté de la logique de la méritocratie, coexistent des pratiques quotidiennes de corruption, des privilèges liés à des relations personnelles et des liens familiaux. Tout homme d'affaires qui a déjà mis les pieds en Chine rentrera dans son pays avec le mot *guanxi* gravé dans la tête : *guanxi* signifie le grappin, le contact, les relations, le réseau de connaissances. Pendant tout le temps passé en Chine, pour faire des affaires, étudier ou travailler, on essaie d'identifier, de trouver, d'atteindre le bon *guanxi*, ce contact qui vous permettra de faire une percée. Et on arrive à la dernière considération, qui complète la séquence logique : « J'ai une famille », je cherche un « grappin », je crée un réseau et enfin, presque toujours, je l'alimente de façon très simple : avec les dessous-de-table. Et la boucle est bouclée. Ne soyons donc pas surpris si la Chine est le seul pays où l'on paie le médecin pour connaître le sexe de l'enfant à naître, pour une opération urgente, pour inscrire un enfant à l'école primaire. Réseau, pots-de-vin et importance de la famille : ce sont là les limites de la méritocratie chinoise.

Comme toujours lorsqu'il s'agit de la Chine, la complexité est la figure fondamentale, et donc mettre l'accent sur la méritocratie n'exclut pas nécessairement de le faire aussi sur le système des clans. Ce qui nous paraît contradictoire ne l'est pas pour les Chinois : en Chine, de nombreux systèmes et différentes approches coexistent, même si apparemment elles s'opposent. C'est une autre caractéristique à garder à l'esprit lorsqu'on analyse la Chine et qu'on doit essayer de l'affronter : le financement de la recherche, le grand activisme de l'État dans le développement de nouvelles technologies et d'innovations donnent naissance à un système social et culturel dans lequel la méritocratie et le *guanxi* se font face et finissent par créer un modèle hybride avec de nombreux défauts, mais prêt à devenir le modèle qui en battra d'autres dans le monde du futur.

La mine de Qubit

Le 29 septembre 2018, des scientifiques chinois et autrichiens se sont connectés par vidéoconférence. Cette image d'hommes et de femmes, assis dans des fauteuils et écoutant des messages venant de l'autre bout du monde, est devenue l'une des photos symboliques de la nouvelle ère. Pourquoi ? Il s'agit pourtant d'une vidéoconférence, quelque chose de quotidien. Mais l'événement présentait une nouveauté extraordinaire : les équipes chinoise et autrichienne échangeaient dans une vidéoconférence chiffrée par un système quantique. Tout cela grâce à Micius (nom latinisé du philosophe chinois Mozi), un satellite que la Chine a lancé en 2016 et dont l'objectif était précisément de garantir la possibilité de dissimuler des informations grâce à l'utilisation de la mécanique quantique. Comme cela arrive souvent en Chine, ce résultat dépend aussi de l'activité d'un scientifique reconnu, loué par le président Xi Jinping et considéré comme le « père chinois du quantum ». Il s'agit ici de Jian-Wei Pan, professeur à l'université des sciences et des technologies de Chine. À seulement 48 ans, Pan a déjà fait une série de découvertes qui l'ont rendu célèbre chez lui. Comme d'habitude, son travail ne sort pas de nulle part, mais d'un effort exceptionnel de la Chine pour développer avant les autres un ordinateur quantique extraordinairement puissant.

Dans une interview accordée à la *MIT Technology Review*, Jian-Wei Pan a rappelé que la Chine a d'abord été une « étudiante » de ce qui a été découvert en Occident. Elle peut maintenant devenir leader dans ce domaine. C'est une pensée qui traverse l'esprit de tous les Chinois. L'objectif principal de Pan était de construire de puissants ordinateurs quantiques, dont les unités de calcul, les qubits, contrairement aux bits, peuvent occuper simultanément un état quantique de 0 et 1. En reliant les qubits par un phénomène que la revue du MIT elle-même définit comme «*presque mystique*» et connu sous le nom d'intrication, les ordinateurs quantiques peuvent augmenter la puissance de traitement de façon phénoménale.

À l'avenir, les machines pourraient donc être utilisées «*pour découvrir de nouveaux matériaux et médicaments en effectuant des simulations de réactions chimiques qui, pour le moment, nécessiteraient un temps de traitement trop important pour les ordinateurs classiques*».

Les ordinateurs quantiques pourraient également améliorer l'intelligence artificielle car les réseaux ultra-sécurisés utilisant la distribution de clés quantiques pourraient être particulièrement utiles pour le secteur financier (l'un des domaines où la récente accélération de la technologie a produit les changements les plus radicaux, bien qu'ils ne soient pas toujours au centre de la scène médiatique) et l'armée. Les chercheurs chinois travaillent en effet sur des capteurs quantiques innovants pour favoriser la navigation de leurs sous-marins. Autrement dit, ce serait une véritable révolution. Et comme d'habitude, celui qui arrivera le premier, sera favorisé.

C'est une guerre larvée, dans laquelle on trouve des domaines de coopération : les scientifiques chinois et américains collaborent entre eux, mais les gouvernements – bien sûr – sont beaucoup plus jaloux des découvertes de leurs équipes. La confrontation entre l'Est et l'Ouest se joue beaucoup plus sur l'ordinateur quantique que sur les systèmes de reconnaissance faciale, où les techniques peuvent être réalisées, même si c'est avec un retard sur les concurrents, plus rapidement et plus facilement que la création d'un ordinateur quantique capable de fonctionner réellement.

La Chine a déjà construit le plus long réseau de « clés cryptographiques quantiques » du monde (que les physiciens et mathématiciens nous pardonnent). La liaison terrestre de 2 032 km entre Pékin et Shanghai a été conçue par Pan lui-même et envoie des clés de chiffrement quantique. Il s'agit d'un service commun aux municipalités qui ont déjà commencé à utiliser cette nouvelle forme de transport de données, ainsi que pour la transmission d'informations financières.

Selon les analystes, il est difficile de mesurer exactement combien la Chine investit dans ces projets et dans d'autres projets quantiques : il est d'ailleurs difficile de mesurer quoi que ce soit en Chine, certaines données étant secrètes (même le chiffre exact des « stocks de viande de porc » de l'État, utiles pour calmer les prix comme lors de l'épidémie de peste porcine en 2019, est un secret d'État). Par ailleurs, d'autres données sont toujours susceptibles d'être ajustées par ceux qui les collectent. Ce qui est sûr, c'est que les investissements sont massifs. Pékin s'est engagé depuis longtemps dans cet effort en encourageant la production d'articles scientifiques et de brevets relatifs aux communications et à la cryptographie quantiques. Aujourd'hui, le nombre de brevets chinois dépasse largement celui des États-Unis.

Pour aider au développement des futurs chercheurs en sciences quantiques, le pays a construit à Hefei un laboratoire national de sciences de l'information quantique à un milliard de dollars qui vient d'ouvrir. Celui-ci réunit des experts de diverses disciplines telles que la physique, l'électrotechnique et la science des matériaux. La Chine va également lancer quatre autres satellites quantiques en orbite basse, suivis d'un satellite géostationnaire en orbite haute. La vision à long terme est de créer un réseau numérique qui couvre le continent et qui, protégé par la cryptographie quantique, puisse éclipser ce que nous appelons aujourd'hui l'Internet, avec tout ce que cela implique pour le « souverainisme numérique » qui caractérise la Chine aujourd'hui. Mais à plus long terme, et en pensant aux consommateurs, cette technologie pourrait être utilisée pour tout protéger, des smartphones aux ordinateurs portables.

Revenons au thème initial de ce chapitre : la volonté de l'État d'investir dans certains secteurs. Isaac Chuang, professeur au MIT et pionnier de l'informatique quantique, a déclaré que l'une des raisons pour lesquelles la Chine a si bien réussi dans ce domaine est l'étroite coordination entre les groupes de recherche gouvernementaux, l'Académie chinoise des sciences et les universités du pays. L'Europe a désormais son propre plan directeur quantique «*pour stimuler de telles collaborations, mais les États-Unis ont été lents à produire une stratégie mondiale pour le développement technologique et la création d'une future main-d'œuvre du quantique*».

Ce défi entre la Chine et l'Occident est fondamental. «Suprématie quantique au moyen d'un processeur supraconducteur programmable» est le titre d'un texte signé par des chercheurs travaillant avec Google et la NASA au développement de nouveaux ordinateurs, qui a été publié sur le site de la NASA puis retiré. Pas assez vite, car le *Financial Times* a réussi à sauvegarder le document et à le publier sur son site web. Le texte traite précisément des ordinateurs quantiques. S'il y avait des bookmakers pour le défi quantique entre Pékin et l'Occident, jusqu'à récemment, la plupart auraient recommandé de parier sur la Chine. L'annonce de Google, que ce soit un coup de pub ou non, a donc dû faire bondir les scientifiques chinois sur leur chaise, à condition que tout cela soit vrai.

Il ne nous faudra pas longtemps pour le savoir, car les choses vont toujours très vite en Chine.

Et c'est précisément la rapidité, comme nous l'avons vu dans le premier chapitre, qui distingue le développement chinois : les États-Unis ont considéré, par exemple, que l'avantage chinois sur la 5G pourrait être géré d'une manière ou d'une autre, sauf qu'il devient de plus en plus solide au fil des ans. La Chine navigue toutes voiles dehors en termes de rapidité d'exécution, pouvant compter sur des financements et sur un système éducatif qui, malgré de nombreuses failles, est maintenant capable de produire des talents en exploitant la taille de la population locale et la richesse qui a été créée au cours des quarante dernières années. Le défi technologique sera le terrain sur lequel nous devrons être présents dans les années à venir ; il suffit de penser aux données : comme nous l'avons mentionné dans différentes parties de ce livre, nous en viendrons bientôt à nous demander, et nous le faisons déjà, si la nature extractive du capitalisme actuel, présent tant en Occident qu'en Chine, donnera naissance à un système régi par des entreprises ou par un État, comme celui de la Chine.

Pour l'Europe, le destin pourrait donc sembler être inexorablement lié à la question suivante : préférerons-nous que nos données soient entre les mains des Chinois ou dans celles des Américains ? Cette perspective devrait nous amener à réfléchir au poids des données et à leur « traitement », par lequel passera notre monde de demain : développer une stratégie globale et considérer les données comme un bien commun pourrait permettre à l'Europe de ne pas être seulement une périphérie du monde ou un terrain de conquête pour la Chine ou les États-Unis, mais un lieu où un nouveau modèle de transparence et d'utilisation publique des données pourrait être envisagé.

Nous pourrions ainsi éviter les erreurs du passé : si l'Europe y parvient, il pourrait être possible de convaincre ne serait-ce qu'une partie de la société civile chinoise (qui commence lentement à remettre en question la valeur et le pouvoir des Big Data) d'exiger la même chose de son propre gouvernement. Ce n'est que de cette manière, tant en Chine qu'en Occident, que les villes intelligentes, par exemple, pourraient réellement devenir des lieux capables de produire une nouvelle forme de citoyenneté, plutôt que de nouvelles divisions sociales. Il faudrait aspirer à ce que les technologies puissent devenir des outils pour améliorer la vie des gens et leur relation avec l'environnement, plutôt que des armes de contrôle social aux mains des États ou des plateformes technologiques.

Le premier état d'urgence sanitaire mondial à l'ère de l'intelligence artificielle chinoise

Fin janvier 2020, le coronavirus a fondu sur le monde. L'épidémie a explosé en Chine, dans la région du Hubei, dans sa capitale Wuhan, une ville de 11 millions d'habitants. Fin 2019, des cas anormaux de pneumonie avaient été enregistrés en Chine. Certains médecins pensaient qu'il s'agissait à nouveau du SRAS (syndrome respiratoire aigu sévère), une forme de coronavirus enregistrée en Chine dès fin 2002 et identifiée par un médecin italien, Carlo Urbani, mort ensuite du SRAS en Thaïlande. L'épidémie de SRAS avait duré jusqu'en 2003 et avait fait 774 victimes dans 17 pays du monde. Les autorités chinoises ont été tenues pour responsables de la propagation de ce virus, car elles ont longtemps minimisé l'épidémie sans tirer la sonnette d'alarme, contribuant ainsi à retarder fatalement l'adoption de contre-mesures.

À l'époque, c'était le Guangdong qui avait été frappé ; cette fois-ci, ce fut le tour du Hubei. Le retard des autorités chinoises à communiquer l'urgence a été minime, avec le paradoxe que, pour ne pas courir le risque d'« un autre SRAS », Pékin a signalé l'existence du virus d'abord à l'Organisation Mondiale de la Santé et ensuite seulement à sa propre population. Mais une fois la réaction engagée, la Chine a agi comme elle le fait habituellement, c'est-à-dire en procédant à la vitesse maximale pour remédier au problème. Wuhan a été mise en quarantaine avec 15 autres villes. Au total, au moins 60 millions d'habitants – l'équivalent de l'Italie ou de la France – se sont retrouvés dans des lieux fermés où il était impossible d'entrer et de sortir ; c'est la plus grande quarantaine de l'histoire de l'humanité, une solution souvent considérée comme tardive par la communauté scientifique, mais qui démontre la détermination des Chinois à faire face à l'épidémie.

Le fait que l'explosion épidémique se soit probablement produite dans un marché de Wuhan, où des animaux sauvages sont abattus et vendus, met en évidence le double visage de la Chine encore visible aujourd'hui : un pays lancé vers l'avenir qui maintient cependant des habitudes traditionnelles et culturelles millénaires, capables d'affecter le tissu social. La quarantaine et les grandes villes désertes, des écoles et des bureaux fermés, ont suscité des images devenues iconiques : le cri montant des immeubles dans la nuit de Wuhan, *Wuhan jiayou*, « Allez Wuhan ! », le bilan des morts et la nécessité d'approvisionner les hôpitaux en matériel médical, la construction en dix jours de deux hôpitaux d'urgence, le licenciement de centaines de fonctionnaires du Parti jugés « pas à la hauteur », la mort de Li Wenliang, un médecin de 34 ans qui avait signalé des cas de pneumonie anormale mais n'avait pas été cru. Li Wenliang a dû se rétracter publiquement, puis il a été innocenté et il est finalement mort du coronavirus.

Dans tout ce frémissement de tragédie et d'espoir, la principale préoccupation de nombreux Chinois restait de savoir s'ils avaient été proches d'une personne infectée dans les jours précédant le déclenchement de l'épidémie. Et les réponses sont arrivées, car dans la Chine d'aujourd'hui, un tel savoir est devenu très simple : les compagnies de téléphone chinoises et certaines applications (par exemple, celles des chemins de fer d'État) ont mis en place des systèmes permettant aux gens de vérifier si, lors de leurs déplacements en train ou en avion, ils avaient été proches ou en contact avec des personnes qui seraient tombées malades ou auraient été hospitalisées par la suite.

China Mobile – un des plus importants opérateurs téléphoniques du pays – a informé les citoyens de Pékin qu'ils pouvaient vérifier leurs déplacements au cours des 30 derniers jours grâce à un service *ad hoc*. Cela semble une chose incroyable à nos yeux, une atteinte à la vie privée – la sienne et celle des passagers des trains et des avions, ignorant les contrôles sur leur état de santé – mais en Chine, elle s'est avérée être une démarche plutôt positive, à en croire les retours des utilisateurs de ces services.

La puissance des applications chinoises dédiées au contrôle strict des mouvements de population – comme nous l'avons vu dans les pages de ce livre – a été présentée par le gouvernement et les opérateurs chinois comme un grand service dans une situation d'urgence. Comme l'a écrit l'agence Reuters, le coronavirus aurait fait sortir « de l'ombre » le système de surveillance chinois. Plus qu'une émergence, on pourrait en fait dire que le virus a permis une utilisation ponctuelle d'outils que les Chinois ont l'habitude d'utiliser ou de « subir » tous les jours.

Le coronavirus a, en fait, déclenché le premier état d'urgence sanitaire mondial à l'ère de l'intelligence artificielle et, malgré une situation dramatique et compliquée, la Chine a une fois de plus montré la voie. Voici, par exemple, une autre utilisation de l'intelligence artificielle dans la Chine d'aujourd'hui rapportée par Reuters : un homme de Hangzhou qui venait de rentrer de Wenzhou, un endroit considéré comme très infecté, avait été averti par la police de ne pas quitter son domicile et la plaque d'immatriculation de sa voiture avait été enregistrée par des caméras vidéo. En raison de son lieu de provenance, il a dû rester chez lui, mesurer sa fièvre et contacter si nécessaire les autorités sanitaires de la ville. Mais il s'ennuyait et a donc décidé de sortir. « *Cette fois, il a été contacté non seulement par la police mais aussi par son employeur. L'homme avait été repéré près du lac Hangzhou par une caméra de reconnaissance faciale et les autorités avaient également alerté son entreprise* » : il ne respectait pas les directives.

En Chine, le coronavirus offre de nouvelles possibilités aux entreprises de haute technologie : à l'heure actuelle, même si elles ne l'admettront jamais, elles ont une occasion unique d'augmenter le principal carburant de leurs inventions, les données. La Chine, comme nous l'avons vu, en a déjà beaucoup, et de qualité, mais avec le coronavirus, le volume d'informations a encore augmenté. Secoués par la peur et l'inquiétude, les Chinois ont enterré leur résistance déjà faible à l'invasion de leur vie privée : la société de reconnaissance faciale Megvii a déclaré « *qu'elle a développé une nouvelle façon d'identifier et de repérer les personnes ayant de la fièvre, grâce au soutien du ministère de l'Industrie et des Sciences* ». Son nouveau « *système de mesure de la température* » utilise les données du corps et du visage pour identifier les personnes malades et il est déjà testé dans un district de Pékin. Ce n'est qu'un exemple (même Baidu, le principal moteur de recherche chinois, a annoncé que son laboratoire d'intelligence artificielle aurait développé un dispositif similaire) qui permet de détecter les tendances à l'œuvre dans le pays : des entreprises privées, soutenues par l'État, développent de nouveaux produits intrusifs (et dans ce cas, dira-t-on, également utiles) ; l'entreprise peut ensuite vendre sa création à l'étranger, perfectionnée grâce à la possibilité d'accéder à n'importe quelle donnée. L'État détient les relevés de déplacements et de données pour s'assurer que tout se déroule conformément à ses propres directives.

En ce qui concerne la reconnaissance faciale, l'histoire continue : SenseTime, autre fleuron du système, a affirmé pouvoir identifier les personnes, même lorsqu'elles portent des masques.

C'est un aspect important, surtout à l'époque plus compliquée du coronavirus : en Chine maintenant, en plus du smartphone, pour faire une énorme quantité de choses (payer, réserver, faire des opérations bancaires ou dans les services publics), c'est surtout votre propre visage qui est la clé. Vu l'utilisation massive des masques, la technologie a donné des signes d'imperfection (également soulignés ironiquement sur les médias sociaux chinois par des personnes qui, à cause du masque, n'ont pas pu être reconnues pour entrer chez elles).

La société de caméras de surveillance Zhejiang Dahua a déclaré qu'elle «*peut détecter la fièvre par caméra infrarouge avec une précision de 0,3 degré*». Une utilisation spécifique pour les lieux de grande affluence comme un train. En fait, dans une interview sur Xinhua, l'agence d'État chinoise, Zhu Jiansheng, de l'Académie des sciences chinoise, a expliqué «*comment la technologie peut aider les autorités à trouver des personnes dans un train qui pourraient être exposées à un cas confirmé ou suspecté de coronavirus : nous obtiendrons des informations pertinentes sur le passager, y compris le numéro du train, et des informations sur les passagers qui étaient proches de cette personne».*

D'autres applications de l'IA chinoise sont utilisées pour lutter contre le coronavirus. La plus célèbre est liée à l'utilisation de drones pour inviter les gens à porter des masques (une vidéo a fait le tour de la Toile : on y voit une vieille dame recevant la visite d'un drone en Mongolie intérieure). On a également vu des robots à l'intérieur des hôpitaux qui s'occupent des activités qui mettraient en danger la santé des travailleurs humains, comme la désinfection, la livraison de repas ou le nettoyage des zones des hôpitaux utilisées pour les patients infectés et malades du coronavirus. Il y a enfin les assistants vocaux : ils sont utilisés pour demander des informations aux personnes à leur domicile, stocker des données et suggérer un traitement immédiat ou une hospitalisation.

En 5 minutes, les assistants vocaux chinois passent 200 appels, ce qui représente un soulagement important pour le travail hospitalier. Comme le souligne le site en mandarin Yesky, «*ce service d'appel robotisé peut aider les médecins en première ligne à contrôler la situation. Grâce à des technologies telles que la reconnaissance vocale, la compréhension sémantique, le dialogue homme-machine, les robots sont capables de comprendre avec précision les langages humains, d'obtenir des informations de base et de donner des réponses*».

Le «côté» recherche médicale n'est pas absent. À cet égard, le site web de l'administration chinoise du cyberespace, dans un article intitulé «L'intelligence artificielle et les Big Data aident à la recherche et au développement de nouveaux médicaments contre le coronavirus», a annoncé le lancement d'un plan de «*recherche et développement de médicaments par l'intelligence artificielle et les grandes plateformes de partage de données*», au milieu de toutes sortes de recherches et de documents bibliographiques sur les coronavirus. Sur cette question, cependant, malgré les annonces, la communauté scientifique est assez unanime pour souligner que le temps de la guérison sera toujours plus long que les annonces en fanfare.

Enfin, il y a l'aspect lié aux conférences virtuelles et à l'éducation numérique dans lequel la Chine investit depuis un certain temps et qui, récemment, en raison de la fermeture des écoles et des bureaux, a fait l'objet d'une attention et d'une expérimentation renouvelées. Pour les écoles, on a utilisé des logiciels prêts à l'emploi qui permettent de connecter plusieurs élèves en même temps, en fournissant à l'enseignant toutes les données nécessaires, y compris les données enregistrées par les caméras sur l'attention portée par l'élève pendant la leçon.

Au-delà de la situation d'urgence actuelle, tout cela, en Chine, est déjà une réalité.

Références bibliographiques

NdT : Pour les quelques ouvrages et articles dont une version française existe, nous l'avons préférée ici à la traduction en italien, éventuellement mentionnée par l'auteur.

Chapitre 1

La phrase en exergue est tirée de Chen Qiufan, interview par l'auteur : « Dans le kaléidoscope la Chine cyberpunk », *Il manifesto*, 6 mai 2018.

Sur WeChat, j'ai consulté les articles suivants en mandarin (quant aux références suivantes en mandarin ou dans d'autres langues, la traduction des éventuelles citations est assurée par l'auteur) :

« L'impact de WeChat sur la communication interpersonnelle » (http://www.360doc.com/content/19/0408/16/63234045_827228905.shtml) ; « Questions et réponses sur WeChat 5.0 » (http://www.lifeweek.com.cn/2013/0705/41390.shtml) ; « Je quitte WeChat » (http://www.lifeweek.com.cn/2015/0919/46673.shtml).

Les livres suivants ont été consultés sur les Nouvelles routes de la soie : Peter Frankopan, *Les routes de la soie : L'histoire au cœur du monde* (Flammarion, 2019) ; Xinru Liu, Lynda Shaffer, *Connections Across Eurasia: Transportation, Communication, and Cultural Exchange on the Silk Roads* (McGraw-Hill Education, 2007).

Sur les aventures d'archéologues considérés comme des héros en Occident et d'infâmes pillards en Chine, une lecture essentielle est celle de Peter Hopkirk, *Bouddhas et rôdeurs sur la route de la soie* (Philippe Picquier, 1998).

L'article de *Sixth Tone* sur WeChat est « Outside the Green Bubble of China's Super-App » (En dehors de la bulle verte de la super-application chinoise) par Lin Qiqing (juin 2018). Sur l'histoire de Tencent, le livre de Leng Hu, *Ma Huateng & Tencent: A Business and Life Biography* (LID Publishing, 2017) fournit de nombreux détails sur l'essor de l'entreprise. Pour l'histoire et les caractéristiques d'Alibaba, voir *Alibaba: The House That Jack Ma Built*, par Duncan Clark (Ecco, 2018). Giovanni Arrighi, *Adam Smith à Pékin – Les promesses de la voie chinoise* (Max Milo, 2009) et Wang Hui, *China's New Order – Society, Politics and Economy in Transition* (Harvard University Press, 2006). Sur Joseph Needham, une lecture splendide est celle de Simon Winchester, *The Man Who Loved China: The Fantastic Story of the Eccentric Scientist Who Unlocked the Mysteries of the Middle Kingdom* (Harper Perennial, 2009).

Sur l'affrontement WeChat-Alibaba, Kai-Fu Lee, *AI Superpowers: China, Silicon Valley and the New World Order* (Houghton Mifflin Harcourt, 2018) et James Griffiths, *The Great Firewall of China: How to Build and Control an Alternative Version of the Internet* (Zed, 2019).

L'interview de Jeffrey Towson dans le *New York Times* se trouve dans l'article « Mark Zuckerberg Wants Facebook to Emulate WeChat. Can It? » par Li Yuan (7 mars 2019).

Chapitre 2

La phrase en exergue est tirée de Xia Jia, entretien avec l'auteur : « Il divenire "senza frontiere" della letteratura » (Le devenir « sans frontières » de la littérature), *Il manifesto*, 29 août 2018.

Pour les systèmes de contrôle à travers l'histoire chinoise, voir Kai Vogelsang, *Geschichte Chinas* (Reclam, 2013) ; Dingxin Zhao, *The Confucian Legalist State: A New Theory of Chinese History* (Oxford University Press, 2015) ; Paolo Santangelo, *L'impero del Mandato Celeste. La Cina nei secoli XIV-XIX* (Laterza, 2014) ; Lillian Li, Alison Dray-Novey, Haili Kong, *Beijing: From Imperial Capital to Olympic City* (Palgrave Macmillan, 2007) ; Luigi Tomba, *The Government Next Door: Neighborhood Politics in Urban China* (Cornell University Press, 2014). Les données sur les villes intelligentes en Chine sont extraites de l'article de Fan Yang, « China's Big Brother smart cities », publié en juillet 2018 dans *Policy Forum*, et de *A brave new world: Xi's Xiong'an*, un rapport publié par la Brookings Institution en avril 2018.

La partie relative au traitement des terres rares et à leur pertinence dans la comparaison entre la Chine et le reste du monde est tirée de Guillaume Pitron, *La guerre des métaux rares : La face cachée de la transition énergétique et numérique* (Les Liens qui libèrent, 2018). Sur les relations entre la Chine et l'Afrique, nous recommandons *China's Second Continent: How a Million Migrants Are Building a New Empire in Africa* de Howard French (Deckle Edge, 2014) et le podcast de la chercheuse Deborah Brautigam constamment mis à jour sur chinaafricaproject.com.

À propos du Xinjiang et de son histoire, Alessandro Rippa, *Cuore dell'Eurasia. Il Xinjiang dalla preistoria al 1949* (Mimesis, 2015). Le rapport de Human Rights Watch sur le Xinjiang peut être lu à cette adresse web : https://www.hrw.org/news/2019/07/11/independent-reporting-xinjiang-abuses-requires-unfettered-access-not-stage-managed, les documents sur le Xinjiang à cette adresse : https://www.nytimes.com/interactive/2019/11/16/world/asia/china-xinjiang-documents.html, le rapport du Consortium international des journalistes d'investigation à cette adresse : https://www.

icij.org/investigations/china-cables/exposed-chinas-operating-manuals-for-mass-internment-and-arrest-by-algorithm/.

Sur la 5G et tout ce qui est intelligence artificielle (pas seulement en Chine), j'ai consulté les ouvrages : Margaret A. Boden, *AI: Its nature and future* (Oxford University Press, 2016) ; *On the Future: Prospects for Humanity* de Martin Rees (Princeton University Press, 2018) ; *Smart Machines: IBM's Watson and the Era of Cognitive Computing* par John E. Kelly III et Steve Hamm (Columbia Business School Publishing, 2013) ; *L'ultimo sapiens. Viaggio al termine della nostra specie* par Gianfranco Pacchioni (Il Mulino, 2018).

Le livre de Dai Jinhua, *After the Post-Cold War: The Future of Chinese History* (Duke University Press, 2018) est indispensable pour les séries TV et les films chinois et leur façon de véhiculer l'imaginaire.

Chapitre 3

La phrase en exergue est tirée de la version américaine du livre de Liu Cixin, *Le problème à trois corps* (Actes Sud, 2018).

Sur les événements qui ont vu les travailleurs de Foxconn devenir des protagonistes, voir Yang, Jenny Chan et Xu Lizhi, *La machine est ton seigneur et ton maître* (Agone, 2015) ; Pun Ngai et Jenny Chan, « Global Capital, the State, and Chinese Workers: The Foxconn Experience » (*Modern China*, 38, 4, pp. 383-410, 2012) ; Barbara Demick et David Sarno, « Suicides roil factory in China » (*Los Angeles Times*, 27 mai 2010) ; « Foxconn tragedy highlights the anger and mistrust of many migrant workers » (*China Labour Bulletin*, 2012). Les données et les informations – horaires de travail, gestion des dortoirs et des travailleurs – sur les activités de Foxconn en dehors de la Chine sont contenues dans *Nella fabbrica globale. Vite al lavoro e resistenze operaie nei laboratori della Foxconn*, par Devi Sacchetto et Ferruccio Gambino (dir.) (Ombre corte, 2015).

Sur la culture du matelas et la culture du loup à Huawei, voir *Huawei: Leadership, Culture, and Connectivity* par Tian Tao, David De Cremer, Wu Chunbo (Sage, 2016) ; « Huawei's "Wolf Culture" Helped It Grow, and Got It Into Trouble » par Raymond Zhong (*New York Times*, décembre 2018) ; « Is corporate "wolf-culture" devouring China's over-worked employees? » (*China Labour Bulletin*, 2008).

Les données sur les activités des Turcs mécaniques sont tirées de Clara Mogno, « J'ai travaillé comme Turque mécanique pour Amazon », *Tlaxcala*, 15 septembre 2020 ; « Amazon's Turker Crowd Has Had Enough » de Miranda Katz (*Wired*, 23 août 2017) ; « The Ghost of the Mechanical Turk » de Miranda Hall (*Jacobin*, 16 décembre 2017) ; « Amazon's Mechanical Turk workers protest: 'I am a human being, not an algorithm' » par Mark Harris (*The Guardian*, 3 décembre 2014) ; « How much money can you make on Amazon Mechanical Turk? » par Zachary Crockett (*The Hustle*, 13 juillet 2019) ; « Untold History of AI: How Amazon's Mechanical Turkers Got Squeezed Inside the Machine » par Oscar Schwartz (*IEEE Spectrum*, 22 avril 2019).

Sur les travailleurs du numérique, voir l'article de Bingqing Xia, « Digital Labour in Chinese Internet Industries » (*triple C*, 2014).

Sur la surveillance et les nouvelles techniques extractivistes, Shoshana Zuboff, *L'Âge du capitalisme de surveillance* (Zulma, 2020) et *Affaires privées : aux sources du capitalisme de surveillance* de Christophe Masutti (C&F éditions, 2020).

CHAPITRE 4

La phrase en exergue est tirée de Han Song, entretien avec l'auteur, « Shanghai, specchio di un futuro possibile » (Shanghai, miroir d'un futur possible), *Il manifesto*, 8 janvier 2019.

Les articles suivants en mandarin ont été consultés sur les crédits sociaux : « La Chine est en train de mettre en place un système de "crédit social", les gens sont parvenus à un consensus sur cinq points et ont une attitude positive » (https://baijiahao.baidu.com/s?id=1628734640428285281) ; « Promouvoir fortement la construction du système de crédit social partout » (http://www.wenming.cn/dfcz/wmzg/201904/t20190416_5079153.shtml) ; « La nouvelle version du crédit social » (http://legal.gmw.cn/2019-04/08/content_32721920.htm) et les documents suivants : *China's Social Credit System: An Evolving Practice of Control* par Rogier Creemers (mai 2018) ; *Managing the State: Social Credit, Surveillance and the CCP's Plan for China* par Samantha Hoffman (août 2017) ; *Toward a Reputation State: The Social Credit System Project of China* par Xin Dai (2018) ; *The Chinese social credit system: A model for other countries?* par Daithí Mac Síthigh et Mathias Siems (2018, https://cadmus.eui.eu/handle/1814/60424) ; « Germany edges toward Chinese-style rating of citizens » par Cathrin Schaer (*Handelsblatt*, 17 février 2018) ; *China's Social Credit Systems and Public Opinion: Explaining High Levels of Approval* par Genia Kostka (décembre 2018).

La citation de Maurizio Scarpari est tirée de *Ritorno a Confucio. La Cina di oggi fra tradizione e mercato* (il Mulino, 2015). Sur la cybernétique et la robotique, *El Cuerpo Transformado* de Naief Yehya (Paidos, 2001), *Vivre avec les robots. Essai sur l'empathie artificielle* par Paul Dumouchel et Luisa Damiano (Seuil, 2016).

Chapitre 5

La phrase en exergue est tirée de Hao Jingfang, *Invisible Planets* (dans *Invisible Planets: An Anthology of Contemporary Chinese Science Fiction in Translation*, édité par Ken Liu, Tor Books, 2016).

Sur la méritocratie, le livre de Daniel A. Bell, *The China Model: Political Meritocracy and the Limits of Democracy* (Princeton University Press, 2016) est indispensable. Sur les modèles de gouvernance chinois, Yan Xuetong, *Leadership and the Rise of Great Powers* (Princeton University Press, 2019) et la trilogie de Zhang Weiwei *Zhongguo Chudong* (*The China Ripple*), *Zhongguo Zhenhan* (*The China Wave*) et *Zhongguo Chaoyue* (*The China Horizon*) publiée en anglais par la World Century Publishing Corporation, 2012.

Sur les perspectives de croissance de l'Asie, Parag Khanna, *The Future is Asian* (Fazi, 2019).

Sur le pouvoir chinois aujourd'hui, Elizabeth C. Economy, *The Third Revolution: Xi Jinping and the New Chinese State* (Oxford University Press, 2018) ; Kerry Brown, *China: The Rise of Xi Jinping* (I.B. Tauris, 2017).

Sur la lecture historique des événements de la République populaire, Mobo Gao, *Constructing China: Clashing Views of the People's Republic* (Pluto, 2018) ; Fabio Lanza, *The End of Concern: Maoist China, Activism, and Asian Studies* (Duke University Press, 2017) ; Christian Sorace, Ivan Franceschini & Nicholas Loubere (dir.), *Afterlives of Chinese Communism* (Verso, 2019).

Colophon

Mis en page par Nicolas Taffin avec Marine Kennerknecht, qui remercient au passage André « œil-de-lynx » Sintzoff pour sa relecture et leur amie Yi pour son écriture. Ce livre est composé avec le caractère Cala, de Dieter Hofrichter qui s'est inspiré tout comme Nicolas Jenson de la Renaissance vénitienne, pour la transposer au présent numérique, avec un rythme, une rondeur et une lisibilité contemporaines.

Imprimé sur papier Munken white certifié EU ecolabel et Galaxi Keramik certifié PEFC.

Achevé d'imprimer en janvier 2021
par Caen Repro (14).
Dépôt légal janvier 2021.